Training Latein III

Übersetzungsübungen für Fortgeschrittene

Beilage: Texte mit Übersetzungszeichen

Von Wilhelm Lang

Ernst Klett Verlag Stuttgart

Die anderen Bände Training Latein:

Wilhelm Lang
Training Latein I
Für Anfänger
(Klettbuch 92899) In Vorbereitung

Wilhelm Lang
Training Latein II
Grammatiktips und Übersetzungshilfen
ab dem 3. Lateinjahr
Beilage: Übersetzungstexte und Folien
99 Seiten, kart. (Klettbuch 92893)

CIP-Kurztitelaufnahme der Deutschen Bibliothek

Lang, Wilhelm
Training Latein. – Stuttgart : Klett.
3. Übersetzungsübungen für Fortgeschrittene. – 1. Aufl. – 1978.
ISBN 3-12-928940-2

1. Auflage 1978

Satz: Fotosatz Tutte, Salzweg bei Passau
Druck: Wilhelm Röck, Weinsberg
Einbandgestaltung und Illustrationen: Dieter Zembsch
ISBN 3-12-928940-2

Das vorliegende Übersetzungstraining Latein für Fortgeschrittene ist eine Fortsetzung des Bandes „Training Latein II – Grammatiktips und Übersetzungshilfen ab dem 3. Lehrjahr" (Klettbuch 92893).
An 26 Texten werden Übersetzungstechniken geübt. Die lateinischen Texte sind hinten in das Buch eingelegt. In einem zweiten Exemplar jedes Textes findet der Schüler als Übersetzungshilfen rot eingedruckte Zeichen, die die Zusammenhänge im Satz deutlich machen.
Das Buch enthält zu jedem Text Hinweise auf Wörter und Grammatik sowie eine Erst- und eine Endübersetzung. Es ist anzunehmen, daß der fortgeschrittene Schüler mit den grammatischen Angaben etwas anzufangen weiß. Wer sich gründlicher informieren und wer Grammatik wiederholen möchte, sollte den Band II mit Grammatiktips zu Rate ziehen. Auf die Abschnitte im Grammatikteil des Bandes II beziehen sich die fettgedruckten Zahlen in den Wörter- und Grammatik – Kommentaren.
Der Band II enthält auch eine allgemeine Einleitung über Militär-, Staats-, Rechtswesen und Philosophie sowie Informationen über die vier wichtigsten Prosaschriftsteller Caesar, Cicero, Sallust, Livius.

Inhaltsverzeichnis

Wörter, grammatische Hinweise, Übersetzungen zu den Texten

* Schwierigkeitsgrad

Text 1
T. Pomponius Atticus, Jugend und Charakter (Nepos XXV,1)

Wörter

5 origo, -inis f.: Ursprung (zu *oriri*) – 6 ultimus: der älteste (eigtl. äußerste, zu *ultra*) – 7 stirps,-pis.: Ursprung (eigtl. Stamm) – 9 generare: erzeugen – 10 perpetuo: fortgesetzt (*adv. erstarrter casus* **36**) – 18 utor, usus sum: haben (völlig verblaßte Bedeutung) – 22 ut: im Verhältnis wie **229** – 26 dis,ditis: zusammengezogen aus *dives, divitis* – 31 prout: so wie (*pro* **58** und *ut* **229**) – 40 impertior, -ivi, -itus: zuteilen (zu *partiri* und *pars*) – 43 erudire: erziehen (eigtl. ausrauhen zu *rudis* rauh) – 49 docilitas, -tis f.: Gelehrigkeit (v. *docilis*) – 52 suavitas, -tis f.: zu *suavis* süß, angenehm (vgl. *suadere* **80**) – 66 pronuntiare: verkünden, auch: aussprechen, vortragen – 72 nobilis, -e: bekannt, kenntlich, dann: vornehm (von *noscere*) – 77 exsplendescere: erglänzen (*inchoativum* **153** zu *splendere*) – 79 generosus: (edel) hochgesinnt – 102 consuetudo, -dinis f.: der tägliche Umgang (eigtl. Gewohnheit) – 105 devincire: verstärktes *vincire* binden **233**

Grammatik

26 ditis: i-Deklination (dagegen *dives* kons.Dekl.!) – 29 litterarum: *gen. obi.* **89** – 56 ut non: *consec.* **124** – 81,82 animo aequo: *abl. modi* **74** – 88,89 studio suo: *abl. instr.* **69** – 102, 103, consuetudine sua: *abl. instr.* **69** – 106, 107 ut nemo: *cons.* **124** – 110 fuerit: *coni.* d. *perf. praes.*- keine *cons. temp.* nach **124**

Erstübersetzung

T. Pomponius Atticus, von ältestem Ursprung römischen Stammes erzeugt, behielt ununterbrochen die von den Vorfahren überkommene Ritterwürde. Er hatte einen umsichtigen und – wie damals die Zeiten waren – reichen und besonders bildungseifrigen Vater. Dieser erzog, wie er selbst die Wissenschaft liebte, den Sohn mit all den Lehren, denen man das Knabenalter gewöhnlich zuteilt. Es hatte aber der Junge außer der Gelehrigkeit des Geistes einen besonders angenehmen Mund (?) und Stimme, so daß er nicht nur schnell aufnahm, was ihm überliefert wurde, sondern es auch hervorragend vortrug. Dadurch wurde er in seiner Jugend bekannt unter seinen Altersgenossen und glänzte heller hervor, als hochgesinnte Mitschüler gleichmütig ertragen konnten. So spornte er alle durch seinen Eifer an; in dieser Schar waren L.Torquatus, C.Marius der Sohn, M.Cicero; diese fesselte er durch seinen vertrauten Umgang so (an sich), daß niemand ihnen auf die Dauer lieber war.

Endübersetzung

T. Pomponius Atticus, aus ältestem römischem Geschlecht, behielt sein ganzes Leben die von seinen Vorfahren ererbte Ritterwürde. Er hatte einen umsichtigen und für die damalige Zeit reichen und besonders bildungsbeflissenen Vater. Der erzog seinen Sohn, entsprechend seinen schöngeistigen Neigungen, mit all dem Lehrstoff, den man gewöhnlich der frühen Jugend vorsetzt. Der Junge besaß außer einem hellen Kopf eine ungewöhnlich angenehme Stimme und Rednergabe (oder: ein angenehmes Äußeres und ein schöne Stimme), so daß er nicht nur rasch auffaßte, was man ihm bot, sondern (das Gelernte) auch hervorragend vortrug. Dadurch stach er als Junge unter seinen Altersgenossen hervor und zeichnete sich mehr aus, als hochgesinnte Mitschüler gelassen hinnehmen konnten. So spornte er mit seinem Eifer alle an; unter ihnen war L.Torquatus, C.Marius der Sohn, M.Cicero; sie verband er sich durch vertrauten Umgang so, daß sie nie einen besseren Freund hatten.

Text 2
Heimatgefühle (Cic.de Leg. II, 1,3–2,4)

Wörter

3 licet: es ist erlaubt (Merkwort: Lizenz; aber *libet* es beliebt) – 7 praesertim: zumal (eigtl. vorreihend zu *serere*; Bildung nach *partim* usw. **36**) – 12 amoenitas, -tis f.: Lieblichkeit (zu *amare*) – 16 sequi: aufsuchen (eigtl. nachgehen) – 21 nimirum: kein Wunder – 30 attingo, -tigi, -tactum: anrühren (zu *tangere*) – 33 tandem: endlich – 34 iste: der da – 37 quia: weil – 48 germanus: leiblich (zu *germen* Keim), angestammt – 50 hinc: von hier **45** – 52 orior, ortus sum, oriri: entstehen – 53 stirps, -is f.: Sproß, Stamm – 56 hic: hier **45** – 63 vestigium, -ii n.: Fußsohle, Fußspur – 73 lautius: *adv. compar.* zu *lautus* stattlich, nett (zu *lavo, lavi, lautus, lavare* waschen) – 74 aedificare: bauen (zu *aedes* u. *facere*) – 85 aetas, -tis f.: Lebensalter, Leben **160** – 88 litterae, -arum f.: Buchstaben, Brief, Studien, die mit Schreiben und Schriften zu tun haben – 95 avos = avus: Großvater **38** – 105 Curianus: dem Curius gehörig – 115 nescioquis, nescioqui: ich-weiß-nicht-wer, -welcher – 118 latere: verborgen sein (Merkwort: latent) – 129 fortasse: vielleicht (zu *fors* Zufall) – 130 delectare: ergötzen (*verb. intens.* **152** zu *delicio* = *allicio* locken, ergötzen) – 134 ille: gemeint ist Odysseus (Hom. Od. V 136) – 142 repudiare: zurückweisen; Kurzform **27** – 147 iustus: (ge-)recht, regelrecht – 151 huc: hierher **45** – 152 libentius: *adv. compar.* zu *libenter* (*libens* gern willig) – 157 diligere: schätzen, lieben **183** – 158 quin (etiam): ja sogar **217** – 165 amicus: Freund (*subst.*), befreundet (*adi.*) – 166 modo: eben nur **224** – 171 solum, i n.:

Boden (soli *gen.* aber auch *dat.* zu *solus* allein **34**) – 181, 182 vgl. Wort 115 – 183 pactum, -i n.: Vertrag (zu *paciscor*); eo pacto: (abgeschwächt) auf diese Weise – 199 nostrae: Atticus liebte Athen und bekam dort sogar die Ehrenbürgerschaft angeboten – 205 exquiro, -quisivi, -quisitum: aussuchen (zu *quaerere*) – 210 recordatio, -ionis f.: Erinnerung (zu *cor* Herz) – 214 quisque: jeder **40** – 219 disputare: sich unterreden, erörtern (zu *putare* rechnen, meinen und *dis* auseinander) – 221 soleo, solitus sum: *semidep.* pflegen (= gewöhnlich tun) – 225 sepulcrum, -i n.: Grab(mal) – 226 contemplari: betrachten (Merkwort: Kontemplation) – 240 incunabula, -orum n.: Windeln (bildhaft: Wiege)

Grammatik

2 cum: *iterat.* **181** – 4 pluris: *acc. d. Ausdehnung* **59**, Endung **32** – 8 – 10 hoc tempore anni: *abl. temp.* **54** – 17 raro: *adv.* selten (*erstarrt. casus*) **36** – 25 causa: *nom.* (Subj.) oder *abl. causae* **71** – 32 quae: kongr. zu *causa* **19** – 39 dicimus: *plur. maiest.* od. *modestiae* (man bezieht andere ein) – 40 haec: kongr. zu *patria* **19** – 64, 65 ergänze dicam: *con. delib.* **110** – 77 studio: *abl. instr.* **69** – 79 cum: *caus.* **181** – 81, 82 infirma valetudine: *abl. qual.* **72** – 98, 99 antiquo more: *abl. modi* **74** – 109 scito: wisse – *imper. II* von *scire* **112** – 145 ff.: *a.c.i.* **125**, tibi: *dat. comm.* **78** – 153 venias: *coni. d. ind. Frage* **115** – 161 dicam: *coni. pot.* **109** – 183 pacto: *abl. modi* **74** – 184 locis: *abl. instr.* **69** – 212 virorum: *geni. obi.* **87** – 220 sit: *coni. d. ind. Frage* **115** – 235 posthac: später (*hac* ist *abl. comp.*: von dieser Stunde an gerechnet später) – 239 ff.: *a.c.i.* **125**

Erstübersetzung

M.: Wenn es erlaubt ist, mehrere Tage abwesend zu sein (v. Rom), zumal in dieser Jahreszeit, gehe ich dieser Lieblichkeit und Heilsamkeit nach; es ist aber selten erlaubt. Aber kein Wunder, es erfreut mich noch ein anderer Grund, der dich nicht berührt, Titus.

T.: Welches ist schließlich dieser Grund?

M.: Weil, wenn ich das Wahre sage, dies meine und dieses meines Bruders angestammte Heimat ist. Hier sind wir nämlich aus ganz altem Stamm entsprossen; hier sind unsere Heiligtümer, hier unsere Sippe, hier viele Spuren unserer Vorväter. Was soll ich mehr sagen? Du siehst dieses Landhaus, wie es freilich jetzt ist, schöner gebaut durch den Eifer unseres Vaters, der, da er von schwacher Gesundheit war, hier fast sein Leben in Studien verbrachte. Aber wisse, daß ich an eben diesem Ort, als Großvater lebte und das Landhaus nach alter Sitte klein war wie jenes des Curius im Sabinerland, geboren bin. Deshalb wohnt irgendetwas und ist verborgen in meinem Herz und Sinn, wodurch mich dieser Ort vielleicht mehr erfreut, wenn schon jener

sehr weise Mann, wie von ihm geschrieben wird, die Unsterblichkeit zurückgewiesen hat, um Ithaka (wieder) zu sehen.
T.: Ich glaube, daß dies für dich ein richtiger Grund ist, warum du hierher lieber kommst und diesen Ort liebst. Ja, ich selber, ich sage wohl wahr, bin jenem Landhaus eben befreundeter geworden und diesem ganzen Boden, auf dem du geboren und gezeugt worden bist. Wir werden nämlich, ich weiß nicht wie, durch die Örtlichkeiten selbst bewegt, in denen die Spuren derer, die wir lieben oder bewundern, sich befinden. Mich wenigstens erfreut selbst jenes mein Athen nicht so sehr durch die herrlichen Werke und ausgesuchten Künste der Alten als durch die Erinnerung an die hochbedeutenden Männer, wo jeder zu wohnen, zu sitzen, zu disputieren pflegte, und ich betrachte eifrig ihre Gräber. Deshalb werde ich diesen Ort, wo du geboren bist, von jetzt an mehr lieben.
M.: Ich freue mich also, daß ich dir beinahe meine Wiege gezeigt habe.

Endübersetzung

M.: Wenn ich ein paar Tage freimachen kann, besonders in dieser Jahreszeit, suche ich diese gesunde und liebliche Gegend auf; doch es ist selten möglich. Aber es ist kein Wunder, sie ergötzt mich noch aus einem anderen Grund, der dich nicht berührt, Titus.
T.: Was ist denn das für ein Grund?
M.: Daß dies – nicht wahr – meine eigentliche Heimat und die meines Bruders hier ist. Von hier stammen wir nämlich, aus einem uralten Geschlecht; hier sind unsere Heiligtümer, unsere Verwandten und viele Spuren unserer Vorfahren. Was soll ich mehr sagen? Du siehst dieses Landhaus, freilich wie es jetzt ist, schöner ausgeführt durch das Bemühen meines Vaters, der hier fast sein Leben mit Studien zubrachte, weil seine Gesundheit nicht die beste war. Aber wisse, eben hier, als Großvater noch lebte und das Landhaus nach alter Sitte noch klein war wie das des Curius im Sabinerland, da wurde ich geboren. Deshalb ist etwas tief in meinem Herzen und Gemüt, das mich besondere Freude an diesem Ort erleben läßt – hat doch schon jener ganz kluge Mann, wie von ihm geschrieben steht, die Unsterblichkeit abgelehnt, um Ithaka wiederzusehen.
T.: Ich glaube, du hast mit Recht allen Grund, so gerne hierher zu kommen und diesen Ort zu lieben. Ja auch ich – um's gerade zu sagen – mag dieses Haus und diese ganze Gegend von nun an lieber, in der du gezeugt und geboren bist. Es rühren uns nämlich irgendwie schon die bloßen Örtlichkeiten, an denen sich Spuren derer, die wir lieben oder bewundern, finden. Mich ergötzt ja auch mein Athen nicht so sehr durch seine herrlichen Bauten und die ausgesuchten Kunstwerke der Alten, als durch die Erinnerung an seine bedeutenden Männer, wo jeder für gewöhnlich wohnte, saß und disputierte; und mit Anteilnahme betrachte ich auch ihre Grabmäler. Deshalb werde ich auch diesen Ort, an dem du geboren bist, von nun an mehr lieben.
M.: Ich freue mich nun, daß ich dir gewissermaßen meine Wiege gezeigt habe.

Text 3
Schiebung eines römischen Beamten
(Cic. Verr. II, 1, 34, 86)

Wörter

3 posco, poposci, -poscere: fordern – 6 praesidium, -ii n.: Schutz, Besatzung **223** – 9 prosequi: geleiten – 12 myoparo, -onis m.: leichtes, aber sehr manövrierfähiges Kriegsschiff – 17 ornare: ausrüsten, versehen mit – 22 praesidium vgl. oben Wort 6 – 30 lana, -ae f.: Wolle – 31 publice: adv. öffentlich, offiziell – 35 sumptus, -us m.: Aufwand – 39 contumelia, -ae f.: Schmach – 45 tametsi = tam(en)-et(iam)-si – 50 gravis, -is, -e: schwer, was Gewicht hat: gewichtig (auch würdig) – 56 praetermittere: vorbeilassen, übergehen **204** – 59 testis, -is m.: Zeuge – 60 integer, -gra, -grum: unberührt (von *in- tangere*) – 70 pro: entsprechend **58** – 75 remex, remigis m.: Ruderer (zu *remus* Ruder, *remigium* Ruderwerk) – 79 revertor, reverti, reverti (*Semideponens*): zurückkehren – 88 eligo, elegi, electum, eligere: auslesen – 97 vendo, vendidi, venditum, vendere: verkaufen **230** – 102 nuper: neulich – 104ff. in hostium numero habere: in der Zahl der Feinde haben (aufrechnen) = als Feind betrachten, (vom Senat) zum Staatsfeind erklären (d.h. jeden Rechtsschutz aberkennen)

Grammatik

2 navem: dopp. *acc.* **62** – 7 causa: *praep.* **101** – 8 Myndum: *acc.* der Richtung **49** – 21–22 hoc praesidio: *abl. modi* **74** – 23 Myndum; vgl. 8 – 30 lanae: gen. part. **92** – 53 potest: *deutsch Konjunktiv* **103** – 57–58 ea omnia: *lateinisch Plural* **47** – 66–67 ullo modo: *abl. modi* **74** – 76 Miletum: *acc.* der Richtung **48/49** – 77 Myndo: *abl. sep.* **48/49** – 78 pedibus: *abl. instr.* **69** – 95 Myndi: (gen.) *loc.* **50** – 113, 116 omnis hostis: **32**

Erstübersetzung

Von den Milesiern forderte er ein Schiff, das ihn des Schutzes wegen nach Myndos geleiten sollte; jene gaben sofort einen ausgezeichneten Schnellruderer, ausgerüstet und bewaffnet, aus ihrer Kriegsflotte. Mit dieser Bedeckung brach er nach Myndos auf. Denn was er an Wolle von den Milesiern in seiner Beamteneigenschaft aufgebracht hat, ebenso über den Aufwand zu seiner Ankunft, über die schmachvolle Behandlung und die Ungerechtigkeiten gegen die milesische Behörde, werde ich übergehen, auch wenn darüber wahrhaftig auch gewichtig und heftig geredet werden könnte, und werde dies alles für die Zeugen aufbewahren, ohne es zu berühren: lernt jenes kennen, was weder auf irgendeine Weise verschwiegen werden noch entsprechend seinem Gewicht gesagt werden kann. Er heißt Soldaten und Ruderer zu Fuß nach Milet zurückkehren von Myndos; er selbst verkauft das schönste Schnellboot, ausgelesen aus 10 milesischen Schiffen, dem L. Magius und L. Fannius, die in Myndos wohnten. Das sind Leute, die neulich der Senat unter die Staatsfeinde zu rechnen beschloß: jene fuhren mit diesem Schiff zu allen Feinden des römischen Volkes, von Dianium bis Sinope.

Endübersetzung

Von den Milesiern forderte er ein Schiff, das ihn als Bedeckung nach Myndos begleiten sollte; jene stellten ihm sofort einen ausgezeichneten Schnellruderer aus ihrer Flotte zur Verfügung, wohlausgerüstet und -bewaffnet. Mit diesem Geleitschutz brach er nach Myndos auf. Denn was er an Wolle von den Milesiern in seiner Beamteneigenschaft aufgebracht hat, ebenso seinen Aufwand zu seiner Ankunft, sein schmachvolles und ungerechtfertigtes Verhalten gegenüber dem milesischen Magistrat – darüber zu sprechen versage ich mir, auch wenn man darüber in aller Wahrhaftigkeit gewichtig und mit Empörung reden könnte. Ich werde das alles nicht berühren, sondern den Zeugen vorbehalten: nehmt aber Kenntnis von dem, was auf keinen Fall verschwiegen, aber auch nicht entsprechend seinem Gewicht in Worte gefaßt werden kann. Er heißt (nämlich nun) Soldaten und Ruderer zu Fuß von Myndos nach Milet zurückkehren: er selbst verkauft diesen wunderbaren Schnellruderer – ausgelesen aus 10 milesischen Schiffen! – an den L. Magius und L. Fannius, die in Myndos wohnhaft waren. Das sind Leute, die der Senat kürzlich auf die Liste der Staatsfeinde zu setzen beschloß: *sie* fuhren mit diesem Schiff (!) zu allen Feinden des römischen Volkes, von Dianium bis Sinope.

Text 4
Übergang über den Rhein (Caes. B. G. IV, 18, 2)

Wörter

3 uterque: **41** – 7 praesidium, -ii n.: **223** – 16 complures, -ium: mehrere (Verwechslungsgefahr! *plures:* mehr, ziemlich viele) – 27 liberalis, -e: großzügig (eigtl. eines Freien würdig) – 29 obses, -idis m. f.: Geisel – 46 hortari: ermahnen – 67 abdo, abdidi, -ditum, -dere: verbergen

Grammatik

6–8 firmo praesidio relicto: *abl. abs.* **75** – 22, 26 quibus petentibus: *abl. abs.* **75** – 29 obsides adduci: *a. c. i. bei iubere* **128** – 40, 41 pons institui: *n. c. i.* **130** – 48 quos ex: Bildung nach *unus ex* (statt *gen. part.*) – 56 finibus: *abl. sep.* zu ex-cedere **53** – 63 in bei *acc.* **65**

Erstübersetzung

Cäsar eilte in das Gebiet der Sugambrer – bei auf beiden Seiten der Brücke zurückgelassenem starkem Schutz. Gesandte kommen zu ihm auf dem Marsch von mehreren Gemeinden; diesen Frieden und Freundschaft Erbittenden antwortet er großzügig und befiehlt, daß Geiseln zu ihm herangeführt werden. Aber die Sugambrer waren aus ihrem Gebiet herausgegangen und hatten alles Ihrige herausgebracht und sich in die Einsamkeit und Wälder verborgen – bei vorbereiteter Flucht – von dem Zeitpunkt an, in dem die Brücke gebaut zu werden begonnen worden war – bei ermahnenden denjenigen, welche sie bei sich hatten aus den Usipetern und Tenkterern.

Endübersetzung

Nachdem Cäsar auf beiden Seiten der Brücke eine starke Schutzmannschaft zurückgelassen hatte, eilte er in das Gebiet der Sugambrer. Während des Marsches kamen zu ihm Gesandte von mehreren Stämmen; als sie ihn um Frieden und Freundschaft angingen, antwortete er ihnen leutselig und forderte sie auf, Geiseln zu stellen. Aber die Sugambrer hatten von dem Zeitpunkt an, da der Brückenbau begann, die Flucht vorbereitet, auf Anraten der Leute aus den Usipetern und Tenkterern, die sie bei sich hatten; jetzt hatten sie ihr Gebiet verlassen, all ihre Habe weggeschafft und sich in einsamen Wäldern verborgen.

Text 5
Gründe der britannischen Expedition (Caes. B. G. IV, 20)

Wörter

1 exiguus: knapp – 3 aestas, -tis f.: Sommer **160** – 6 etsi = etiamsi – 14 septentriones, -um f.: Siebengestirn (*septem triones* – 7 Dreschochsen), also Norden – 15 vergere ad: sich erstrecken nach – 16 maturus: zeitig: frühzeitig, reif – 23 contendere: eilen **226** – 32 subministrare: liefern (eigtl. andienern von *minister* – Diener) – 40 gero, gessi, gestum, gerere **186** – 41 deficere: ausgehen **182** – 47 arbitrari: urteilen, meinen (arbiter – Schiedsrichter) – 49 modo: nur **224** – 54 perspicere: durch-schauen, genau sehen – 56 portus, -us m.: Hafen **208** – 57 aditus, -us m.: Zugang *(nom. r. act.)* **157** – 67 temere: adv. planlos, blindlings – 69 mercator, -oris m.: (Groß)händler (zu *merx, -cis* f.: Ware und: *merces, -edis* f.: Preis, Lohn) – 70 illo = illuc **45** – 72 quisquam: **40** (neutrum: quicquam) irgendwer – 85 contra: gegen(über) – 93 undique: **45** – 105 incolere: bewohnen – 108 usus, -us m.: Brauch, Übung, Erfahrung (*nom. r. act.* zu uti) **157** – 113 institutum, - i n.: Einrichtung (Brauch, Sitte, Gesetz, Beamte usw.) – 122 idoneus: geeignet (mit *ad* oder *dat. fin.* **79**) – 124 reperio, repperi, repertum, reperire: finden (durch Suchen)

Grammatik

1, 2, 4 exigua parte reliqua: *abl. abs.* **75** – 7 in: trotz locus **52**, weil keine Punkt-, sondern Bereichsangabe; loca, -orum n.: Gebiet, Örtlichkeiten (loci – Stellen in Büchern) – 25, 27, 28 omnibus Gallicis bellis: *abl. temp.* **54** – 32–33 subministrata auxilia: *a. c. i.* **125** – 40 gerendum: *gerundivum* **23** – 43, 45 magno usui: *dat. fin.* bei esse **79** – 90, 94 evocatis mercatoribus: *abl. abs.* **75** – 97 esset; 114 uterentur: *coni. in der ind. Frage* **115**

Erstübersetzung

Cäsar eilte – bei kleinem übrigen Teil des Sommers –, auch wenn in diesen Örtlichkeiten die Winter frühzeitig sind, weil ganz Gallien sich gegen Norden erstreckt, dennoch nach Britannien aufzubrechen, weil er einsah, daß von dort Hilfstruppen angedient worden seien – in fast allen gallischen Kriegen – unseren Feinden, und meinte, daß dennoch für ihn von großem Nutzen sein werde – wenn die Zeit zum Kriegführen fehle –, wenn er nur die Insel betreten hätte, die Art der Menschen kennengelernt, Örtlichkeiten, Häfen, Zugänge erkannt hätte; fast alles dies war den Galliern unbekannt. Denn nicht jemand geht dorthin so einfach – außer Kaufleuten –, und selbst denen ist nicht etwas bekannt – außer der Küste und den Gegenden, welche gegenüber Gallien sind. Und so konnte er herausbringen – bei zu sich von allen Seiten gerufenen Kaufleuten – weder, wie groß der Insel Größe sei, noch, welche und wie große Völkerschaften (sie) bewohnten, noch, welche Kriegspraxis sie hätten oder welche Einrichtungen sie gebrauchten, noch, welche Häfen geeignet seien zu einer größeren Menge von Schiffen.

Endübersetzung

Da nur noch ein kleiner Teil des Sommers übrig blieb, eilte Cäsar (auch wenn in diesen Breitengraden – ganz Gallien liegt ja weiter nördlich – die Winter zeitig einsetzen), nach Britannien aufzubrechen, weil er sah, daß in fast allen unseren gallischen Feldzügen unseren Feinden von dort Hilfstruppen geschickt worden waren, und weil er (deshalb) glaubte, wenn (auch) die Zeit zum Kriegführen nicht reichen sollte, werde es für ihn doch sehr nützlich sein, wenn er (nur einmal) die Insel betrete, die Art (ihrer) Menschen, Örtlichkeit, Häfen und Zufahrtswege kennenlerne; all das war den Galliern ziemlich unbekannt. Denn außer den Kaufleuten geht niemand so ohne weiteres dorthin, und selbst diese kennen nichts außer der Meeresküste und den Landstrichen, die Gallien gegenüberliegen. Obschon er von überallher Kaufleute zu sich rief, konnte er deshalb auch (nichts) herausbringen über die Größe der Insel noch über die dort wohnenden Stämme und ihre Volkszahl, nichts über ihre Kriegstechnik noch über ihre sozialen und politischen Verhältnisse, auch nicht, welche Häfen fähig wären, eine größere Zahl von Schiffen aufzunehmen.

Text 6
Vercingetorix will Cäsar angreifen (Caes. B. G. VII, 66)

Wörter

8 excedere: herausgehen **174** – 12 praesens: gegenwärtig, augenblicklich – 13 obtinere: erlangen, festhalten – 22 otium, -ii n.: Muße (Gegensatz: *negotium* Geschäft) – 23 parum: zu wenig *adv.* (zu *parvus*) – 24 proficio, profeci, -fectum: Fortschritte machen (aber *proficiscor, profectus sum* aufbrechen) – 27 cogo, coegi, coactum: zusammenbringen **176** – 29 reverto, -ti, -sum: zurückkehren (eigtl. zurückwenden); auch *Deponens* – 34 proinde: deshalb (*pro* voraus und *inde* von da an) **45** – 37 impedire: behindern **210** (zur Sache Einl. S. 9) – 47 morari: verweilen (Merkwort: Moratorium) – 57 confido, -fisus sum (*Semidep.*): vertrauen – 69 spoliare: berauben (zu *spolium* abgezogene Rüstung) – 79 modo: nur **224** – 83, 85 ne quidem: auch nicht, nicht einmal – 87 dubitare: zweifeln **184** – 96 pro: vor **58** – 106/107 ius iurandum: Eid (*ius* hl. Recht, *iurare* hl. festsetzen) – 112 recipere: aufnehmen **162** – 125 bis: zweimal – 129 perequitare: durchreiten

Grammatik

2 demonstrat: *praes. hist.* **105** (im ff. strenge *cons. temp.* **115**) – 7 Gallia: *abl. sep.* (zu *excedere* **53**) – 13 obtinendam: *gerundivum* **23** – 25, 28 maioribus copiis: *abl. abs.* **75** – 32 bellandi: *gerundium* **25** – 38 adoriantur: *coni. fin.* in *ind. Rede* **129** – 53 ff.: Relativsatz im *a.c.i.* – 60, 61 suae saluti: *dat. comm.* **78** – 64 usu, 68 dignitate *abl. sep.* zu *spoliare* (**53**) – 69, 70 spoliatum iri: *inf. fut. pass.* (-um unveränderlich, weil *supinum*!) – 75 quin: (bei *non dubitare*) daß **184** – 89 quo = ut eo: *abl. mens.* **70, 137** – 100, 101 terrori hostibus: *dat. fin.* und *comm.* **78** – 109 oportere: dürfen **206, 9** – 111 tecto: *abl. instr.* **69**

Erstübersetzung

Vercingetorix legte dar: Die Römer flöhen in die Provinz und wichen aus Gallien. Das genüge zur augenblicklichen zu erreichenden Freiheit; zum Frieden der übrigen Zeit und zur Muße werde zu wenig Fortschritt gemacht; denn bei größeren zusammengebrachten Truppen würden sie wieder zurückkehren und kein Ende des Kriegführens machen. Deshalb sollten sie sie auf dem Marsch als Behinderte angreifen. Wenn die Fußsoldaten dem Troß Hilfe brächten und sich dabei aufhielten, könnten sie den Marsch nicht durchführen; wenn sie – er vertraue, daß das eher geschehen werde – bei zurückgelassenem Gepäck für ihr eigenes Heil sorgten, würden sie des Gebrauchs der nötigen Dinge und der Würde beraubt werden. Denn über die Reiter der Feinde dürften sie auch selbst nicht im Zweifel sein, daß niemand von ihnen auch nur außerhalb der Marschordnung vorzugehen wage. Damit sie das mit um so größerem Mute täten, werde er alle Truppen vor dem Lager halten und den Feinden zum Schrecken sein. Die Reiter schrieen zusammen: Es müsse mit heiligem Eid versichert werden, daß nicht unter ein Dach aufgenommen werde, keinen Zugang zu Kindern, keinen zu Eltern, keinen zu seiner Frau haben sollte, wer nicht zweimal durch den Zug der Feinde durchgeritten sei.

Endübersetzung

Vercingetorix legte dar: Die Römer seien auf der Flucht in die Provinz und verließen Gallien. Das genüge, um für den Augenblick die Freiheit zu erlangen; für den ruhigen Frieden in Zukunft werde damit zu wenig gewonnen: Sie würden nämlich mehr Truppen zusammenbringen, zurückkehren und kein Ende mit Kriegführen machen. Deshalb sollten sie sie auf dem Marsch angreifen, wenn sie behindert seien. Wenn das Fußvolk dem Troß zuhilfe komme und sich dabei aufhalte, könnten sie nicht vorankommen; wenn sie – und er glaube fest, daß das der Fall sein werde – den Troß im Stich ließen und für ihre eigene Haut sorgten, würden sie die nötige Ausrüstung verlieren und eine schwere moralische Schlappe erleiden. Denn über die Reiter der Feinde seien sie wohl selbst nicht im Zweifel, daß keiner von ihnen wage, aus dem Schutz der Kolonne vorzupreschen. Damit sie umso zuversichtlicher angriffen, werde er alle Truppen (in Kampfaufstellung) vor dem Lager halten lassen und die Feinde bedrohen. Da riefen die Reiter durcheinander: Man müsse sich mit einem heiligen Eid verpflichten, daß keiner, der nicht zweimal die feindliche Kolonne durchreite, in einem Hause aufgenommen oder zu Kindern, Eltern und Frau gelassen werden dürfe.

Text 7
Cäsar gegen ein Ausnahmerecht (Sall. Cat. 51, 1–8 und 16–24)

Wörter

9 consultare: beraten, Beschluß fassen (*intens.* zu *consulere*) **152** – 16 vacuus: leer, frei von (bei *abl. sep.*) **53** – 22 verum, -i n.: das Wahre – 23 providet: hier wohl verstärktes videt – 26 officere: entgegenwirken (*ob entgegen*) – 30 libido, -dinis f.: Laune, Verlangen, Willkür (zu *libet* es beliebt) – 36 intendere: anspannen zu **226** – 41 possidere: besitzen (urspr. als Herr sitzen) hier = dominatur – 49 copia, -ae f.: Vorrat, Menge, Möglichkeit – 51 memorare = commemorare: erwähnen (nicht: sich erinnern!) – 63 consulere: vgl. Wort 9 – 94 opes, -um f.: Machtmittel **209** – 95 crescere: **175** – 117 causa: Präp. wegen **101** – 119 incipere: beginnen – 135 per: durch (die Dauer), während – 138 nefarius: frevelhaft (*fas* religiöses und sittliches Recht) – 139 facinus, -oris n.: die bedeutsame Tat (Helden- oder Untat) – 143 per: s. Wort 135 – 161 item: ebenso (Verwechslungsgefahr! *idem* derselbe) – 163 providere: sorgsam beachten (vorsehen im Sinne von: sich vorsehen) **83** – 173 Lentulus: ein in die katilinarische Verschwörung verwickelter Prätor – 180 neu = neve – 191 pro: entsprechend **58**; ungewöhnlich, weil sonst *abl.* bei dignus **134** – 194 reperire: ermitteln, hier als *suchen* zu verstehen, sonst als finden – 197 approbare: billigen **212** – 198 sin = sin autem: wenn aber – 202 ingenium, -ii n.: Geist, Begabung, Einfallsreichtum, hier etwa: Vorstellungskraft – 203 exsuperare: übersteigen (*supra* und *superare*) – 209 comparare: zusammenrichten a) zum Zwecke der Vorbereitung, also vorbereiten b) zum Vergleich, also vergleichen (Merkwort: *Komparativ*) – 216 strenuus: wacker – 233 exercere: üben, auch ausüben (noch im Dt. *verüben*) – 234 is, ea, id: ein solcher **200** – 237 modestia, -ae f.: Bescheidenheit paßt nicht, Mäßigkeit (von *modus* Maß) – 240 verum: aber (weder wahrhaftig noch das Wahre!) – 241 sententia, -ae f.: Meinung, (beim Senator) auch Rede, Antrag, Stimme (bei der Abstimmung) – 255 alienus: fremd, unpassend zu – 262 profecto: wahrhaftig (*pro facto,* engl. *indeed*) – 268 subigere: unterjochen (dt. hier etwa übermannen) – 275 decernere **175** (beim einzelnen Senator: Beschluß beantragen, beim Senat: beschließen) – 278 supervacaneus: überflüssig – 280 disserere: erörtern **222** (Merkwort: *Dissertation*) – 282 praesertim: zumal, besonders, zuvörderst (zu *praesero* vorauspflanzen) – 283 diligentia, -ae f.: Umsicht, Sorgfalt – 286 consul: gemeint ist Cicero – 288 praesidium, -ii n.: Stützpunkt und Schutzmannschaft **223** – 295 equidem: (verstärktes *quidem*, oft auf ein ego bezogen) ich meinerseits – 306 aerumna, -ae f.: Plackerei, Mühsal – 316 ultra: darüber hinaus *adv.* nach **63** – 324 per: (beteuernd) bei – 329 sententia s. Wort 241 – 332 uti = ut: **229** – 334 verbera, -um n.: Schläge, Prügelstrafe – 337 animadvertere: sein Augenmerk richten auf, bemerken (bei *acc.*), verfahren gegen (in bei *acc.*) – 354 permittere: **204** – 374 convincere: **233** – 379 qui: wie, warum, wieso – 380 convenire: zusammenkommen, dann zusammenpassen (Sachen), übereinkommen (Personen)

Grammatik

1 omnis: **32** (*a. c. i.*) – 30 lubidini: altertümlich statt libidini **38** – 50 est: coni. im Deutschen nach **103**, weil die Möglichkeit im folgenden nicht ausgenützt wird – 63 consuluerint: *coni.* in *ind. Frage* **115** – 75–77 recte atque ordine: richtig und nach der Ordnung; hier ist ein Umstandswort (*Adverb*) und ein Begleitumstand (*abl. modi*) gekoppelt! – 79 bello Macedonico: *abl. temp.* **54** – 98 advorsa = adversa = adversaria: altertümlich nach **38** – 103–104 bello confecto: *abl. abs.* **75** – 112 quis: **44** – 118–119 bellum inceptum: ergänze: esse (*a. c. i.*) – 123 dimisere: Kurzform **29** – 125–127 bellis Punicis omnibus: *abl. temp.* **54** – 128 quom = cum **37** –146 fecere: s. Wort 123 – 149 se: *abl.* bei *dignus* **134** – 151 foret = esset **194** – 156 iure: *abl. modi* **74** – 171 valeat, 186 consulatis: *coni. fin.* **118** – 178 vostra = vestra **38** – 182–183, 185 irae vostrae, famae: *dat. comm.* **78** – 195 novom = novum **38** – 204 his: *abl. instr.* **69** bei uti – 205 utendum: *gerundivum* **23** – 217 certo = certe: *adv.* erstarrter abl. **36** – 220 dixerit: *coni.* in vom *a. c. i. abhängigen Satz* – 221 studio: *abl. caus.* **71** – 222–223 rei publicae: *gen. obi.* **87** – 274 novom, s. Wort 195 – 281 quom = cum **37** (gewöhnlich *praesertim cum*) **181** – 289 sint: *coni. caus.* nach *cum* **181** – 318, 320 curae, gaudio: *dat. comm.* **78** – 350 animam eripi: *a. c. i.* bei iubere **128** – 373–374 tanti facinoris: *gen. obi.* bei Gerichtsverfahren **90** – 386 quom = cum – 390 neglexeris: *coni. concess.* nach cum **181**

Erstübersetzung

Für alle Menschen, Senatoren, die über zweifelhafte Dinge beraten und beschließen, gehört es sich, von Haß, Freundschaft, Zorn und Mitleid frei zu sein. Nicht leicht sieht der Geist das Wahre, wo jene entgegenwirken, und niemand hat zugleich der Laune und dem Nutzen aller zugleich gehorcht. Sobald du den Geist angestrengt haben wirst, ist er stark; wenn die Laune Herrscher ist, herrscht sie, und der Geist vermag nichts. Ich hätte eine große Menge zu erwähnen, Senatoren, was Könige und Völker, von Zorn oder Mitleid getrieben, schlecht beschlossen haben. Aber ich will lieber das sagen, was unsere Vorfahren gegen die Laune ihres Herzens richtig und nach Ordnung gehandelt haben. Im Mazedonischen Krieg, den wir mit dem König Perseus geführt haben, war die große und prächtige Gemeinde der Rhodier, die mit den Machtmitteln des römischen Volkes gewachsen war, uns untreu und feindlich; aber nachdem bei erledigtem Krieg über die Rhodier beraten wurde, entließen unsere Vorfahren sie ungestraft, damit nicht einer sage, der Krieg sei mehr des Reichtums als des Unrechts wegen begonnen worden. Ebenso taten sie in allen Punischen Kriegen, als die Karthager oft im Frieden und bei Waffenstillstand viel ruchlose Taten verübt hatten, niemals selbst bei Gelegenheit solche Dinge: Sie fragten mehr, was ihrer würdig sei, als was gegen diese mit Recht getan werden könne. Ebenso müßt ihr das vorsehen, Senatoren, daß nicht bei euch das Verbrechen des P. Lentulus und der anderen mehr vermag als eure Würde und daß ihr nicht mehr für euren Zorn als für euren Ruf sorgt. Denn wenn entsprechend ihren Taten eine neue Strafe gesucht wird, billige ich auch einen neuen Entschluß. Wenn aber die Größe des Verbrechens die Vorstellung aller übersteigt, glaube ich, man müsse das anwenden, was durch Gesetze bereitet ist... Ich weiß sicher, daß D. Silanus, ein tapferer und wackerer Mann, was er gesagt hat, aus Eifer für den Staat gesagt hat und daß jener in einer so großen Sache nicht Gunst oder Freundschaft übt: Als solchen kenne ich seinen Charakter und als solche seine Mäßigung. Aber seine Meinung scheint mir nicht grausam – was kann nämlich gegen solche Leute Grausames geschehen? –, sondern unserem politischen Leben fremd. Denn tatsächlich hat dich entweder Furcht oder Unrecht übermannt, Silanus, als gewählter Konsul eine neue Art Strafe zu beantragen. Über die Furcht zu reden ist überflüssig, zumal durch die Umsicht eines ganz ausgezeichneten Mannes, des Konsuls, so große Schutzmannschaften unter Waffen stehen. Über die Strafe kann ich meinerseits sagen – was die Sache in sich hat –, daß in Trauer und Elend der Tod eine Ruhe von Plackerei ist, nicht eine Marter; daß er alle Übel der Sterblichen auflöst, daß es darüber hinaus weder einen Platz für Sorge noch für Freude gibt. Aber, bei den unsterblichen Göttern, weshalb hast du zu deinem Antrag nicht zugefügt, daß vorher mit der Prügelstrafe gegen sie vorgegangen werde? Etwa weil es die Lex Porcia verbietet? Aber andere Gesetze gebieten ebenso, daß den Bürgern das Leben nicht genommen werde, sondern daß die Verbannung erlaubt werden solle. Oder etwa, weil es schwerwiegender ist, geprügelt als getötet zu werden? Was aber ist herb oder zu schwerwiegend gegen Leute, die eines solchen Verbrechens überführt sind? Wenn aber, weil es leichter wiegt, wieso paßt es zusammen, bei geringerem Geschäft das Gesetz zu fürchten, obschon du es bei größerem vernachlässigt hast?

Endübersetzung

Alle Leute, Senatoren, die über strittige Fragen beraten, müssen sich von Haß, Neigung, Zorn und Mitleid freihalten. Wo diese Stimmungen entgegenwirken, sieht der Geist nicht leicht die Wahrheit, und noch niemand ist gleichzeitig der Stimmung und dem Nutzen der Allgemeinheit gerecht geworden. Wo man seinen Geist anstrengt, da ist er maßgebend; wo die Laune herrscht, da regiert sie, und der Geist hat nichts zu bestellen. Ich könnte eine Menge Beispiele aufzählen, was für schlechte Entscheidungen Könige und Völker getroffen haben, wenn sie von Zorn oder Mitleid sich bestimmen ließen. Aber ich will lieber darauf eingehen, wie unsere Vorfahren gegen ihre augenblickliche Stimmung korrekt und nach der Ordnung verfahren sind. Im Mazedonischen Krieg gegen Perseus hielt uns die bedeutende und großartige rhodische Gemeinde, die mit Unterstützung des römischen Volkes groß geworden war, nicht die Treue und stand auf seiten der Gegner; aber als nach Kriegsende über die Rhodier verhandelt wurde, ließen unsere Vorfahren sie ungestraft, damit niemand sagen könne, der Krieg sei mehr der Bereicherung wegen als aus Rechtsgründen begonnen worden. Ebenso haben sie in allen Punischen Kriegen, nachdem die Karthager oft in Friedens- und Waffenstillstandszeiten ruchlose Taten verübt hatten, niemals selbst bei Gelegenheit dergleichen begangen: Sie fragten mehr, was ihrer würdig sei, als was mit Recht gegen jene getan werden könne. Ebenso müßt ihr das im Auge behalten, Senatoren, daß bei euch das Verbrechen des P. Lentulus nicht schwerer wiegen darf als eure Würde, und ihr dürft euch nicht mehr von eurem Zorn als von der Rücksicht auf euren guten Ruf bestimmen lassen. Denn ich würde einen neuartigen Beschluß billigen, wenn es darum ginge, eine Strafe zu ersinnen, die den Taten entspricht; wenn aber die Größe des Vergehens aller Vorstellung übersteigt, glaube ich, muß man so vorgehen, wie gesetzlich festgelegt . . . Ich bin sicher, daß D. Silanus, ein tapferer und tüchtiger Mann, seine Worte aus Eifer für das Staatswesen gesprochen hat und in einer so bedeutenden Sache nicht Gunst oder Mißgunst walten läßt: So kenne ich ja seinen maßvollen Charakter. Wahrhaftig, sein Antrag scheint mir nicht grausam – denn was könnte gegen solche Leute (zu) Grausames geschehen? –, aber er scheint mir nicht zum Stil unseres politischen Lebens zu passen. Denn wirklich, Furcht oder Entrüstung über das Unrecht muß dich, Silanus, dazu gebracht haben, als bereits gewählter Konsul eine neue Strafe zu beantragen. Über Furcht zu reden ist überflüssig, zumal durch die Umsicht eines bedeutenden Mannes, des Konsuls, so große Schutzmannschaften unter Waffen stehen. Zum Strafmaß kann ich meinerseits nur sagen, wie es sich ja auch verhält, daß der Tod in Niedergeschlagenheit und Elend ein Ende der Mühsal, nicht eine Marter bedeutet, daß er alle Übel der Sterblichen löst; darüber hinaus ist kein Raum für Sorge oder Freude. Aber, bei den unsterblichen Göttern, warum hast du deinem Antrag nicht beigefügt, daß mit der Prügelstrafe gegen sie vorgegangen werde? Etwa weil es die Lex Porcia verbietet? Aber andere Gesetze bestimmen ebenso, daß verurteilte Bürger nicht vom Leben zum Tod gebracht werden dürfen, sondern ihnen die Verbannung zugestanden werde. Oder etwa weil es schlimmer ist, geprügelt zu werden als getötet? Was aber ist bitter und allzu schwerwiegend gegenüber Leuten, die solcher Verbrechen überführt sind? Wenn du aber deshalb darauf verzichtet hast, weil die Todesstrafe leichter wiegt, wie paßt das zusammen, wenn du bei geringerem Anlaß das Gesetz fürchtest, wo du es doch bei bedeutenderem Anlaß übergangen hast?

Text 8
Legionäre Cäsars in der Falle (Caes. B. G. V, 31, 6ff.)

Wörter

5 proficisci: marschieren – 16 amicus: wird als Subst. und als Adj. verwendet – 28 fremitus, -us m.: Getöse (von *fremere* brummen) – 29 vigilia, -ae f.: eigtl. Wache, das Wachsein – 33 sentio, sensi, sensum, sentire: (eigtl. fühlen) merken – 36 biperti-to: zweigeteilt (*bis* zweimal und *pars,* bzw. *partiri* teilen), erstarrter *abl. abs.* **36** – 59 convallis, -is f.: Talschlucht – 64 eius: vgl. **200** – 69 novissimi Bd. II, Einl. S. 9 – 74 ascensus, -us m.: von ascendere **161** (Bildung **157**) – 80 committere: **204** – 89 trepi-dare: (nervös) hin- und herlaufen – 91 concursare: *int.* von concurrere **152** – 101 de-ficere: **182** – 104 plerumque: meist (adv. von *plerique*) – 114 cogere: **176** – 129 auc-tor, -oris m.: (von *augere* vermehren) Förderer (dann *Urheber* und *Gewährsmann*) – 149 praestare: eigtl. vorstehen, daher *praestat* es *ist besser,* sonst meist *leisten* (*fidem praestare* Treue halten) – 162 quoque: abl. von *quisque* (abl. loci) **40** – 176 consisto: **179** – 184 reprehendo, -ndi, -nsum, -ndere: tadeln – 188 incommode: adv. zu *in-commodus* unvorteilhaft (vgl. *dat.* (in-) *commodi*) – 200 alacer, -cris, -cre: munter (Merkwort: *allegro)* – 213 accidit, ut: es geschieht (geschah) – 219 vulgo: allgemein (*erstarrter abl.* von *vulgus* Menge) **36** – 222 quaeque = et quae; nicht von *quisque* möglich! – 231 arripio, -rui, arreptum, -ripere: an sich reißen (von *rapere*)

Grammatik

1–2 prima luce: *abl. temp.* **54** – 5 proficiscuntur: *praes. hist.* **105** – 7 quibus: mit *coni. consec.* **134** – 9 persuadere: **80** – 19–22 longissimo agmine maximisque impedimen-tis: *abl. modi* **74** – 39–42 opportuno atque occulto loco: *abl. loc.* **52** – 56 agminis: *gen. part.* **92** – 61–63 ex utraque parte: **66** – 74 ascensu: *abl. sep.* **53** – 77 nostris: (*dat. (in-) comm.*) **78** – 76, 78 iniquissimo loco: *abl. loc.* **52** – 88 providisset: *coni. consec.* **134** oder *coni. caus.* **135** – 89ff. *inf. hist.* **106** – 118 cogitasset: *coni. caus.* **135**; Kurzform: **27** – 135–136 communi saluti: *dat. obi.* **77** – 139–142 in appellan-dis . . . militibus: *gerundivum* **23** – 164 faciendum: *gerundivum* **23** – 169 pronuntiari: *a. c. i.* nach *iubere* (ergänze id) **128**

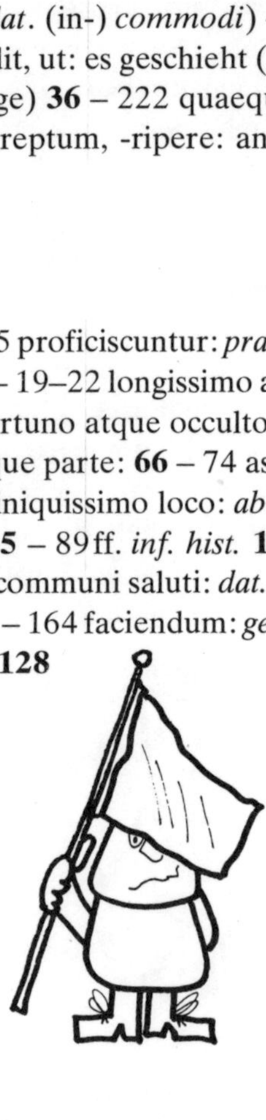

Erstübersetzung

Im ersten Licht brachen sie vom Lager auf, wie Leute, denen der Rat nicht vom Feind eingeredet war, sondern von einem ganz befreundeten Menschen, in langer Marschkolonne und ganz großem Gepäck. Aber die Feinde, nachdem sie aus dem nächtlichen Getöse und dem Wachsein über ihren Aufbruch (etwas) gemerkt hatten, erwarteten bei zweiteilig in den Wäldern an günstigem und verstecktem Ort von etwa 2 Meilen ab aufgestelltem Hinterhalt die Ankunft der Römer, und als sich der größere Teil des Zuges in eine Talschlucht hinuntergelassen hatte, zeigten sie sich auf beiden Seiten dieses Tales plötzlich und begannen, die hintersten zu bedrängen und die vordersten vom Aufsteigen abzuhalten und ein Gefecht zu beginnen, an einem für die Unsrigen ungünstigsten Ort. Da endlich lief Titurius, der ja nichts vorher vorgesehen hatte, hin und her und eilte und stellte die Kohorten auf; selbst das jedoch ängstlich und so, daß alles zu versagen schien; das pflegt meist denen zu geschehen, die im Verlauf der Angelegenheit selbst gezwungen werden, Entschluß zu fassen. Aber Cotta, der ja gedacht hatte, das könne auf dem Marsch geschehen, und aus diesem Grunde nicht Förderer des Aufbruchs gewesen war, fehlte in keiner Sache dem gemeinsamen Wohl und leistete im Anrufen und Ermuntern der Soldaten die Pflichten des Feldherrn und im Kampf die des Soldaten. Da sie wegen der Länge des Heereszuges nicht leicht alles besuchen und, was an jeder Stelle zu tun war, vorsehen konnten, hießen sie, daß verkündet werde, daß sie den Troß zurücklassen und sich in einem Kreis aufstellen sollten. Dieser Rat, auch wenn er in einem Fall dieser Art nicht zu tadeln ist, fiel trotzdem ungünstig aus: denn er minderte einerseits unseren Soldaten die Hoffnung und machte die Feinde munterer zum Kampf, weil das nicht ohne Furcht und Verzweiflung geschehen schien. Außerdem geschah, was zu geschehen unausweichlich war, daß allgemein die Soldaten auseinandergingen und, was jeder als Liebstes hatte, vom Troß zu erreichen und an sich zu nehmen eilte und alles mit Geschrei und Lärmen gefüllt wurde.

Endübersetzung

Im Morgengrauen brachen sie aus dem Lager auf, und zwar wie wenn der Rat dazu nicht vom Feind, sondern von einem zuverlässigen Freund gegeben worden wäre: in langgezogener Kolonne und mit großem Troß. Als aber die Feinde aus dem nächtlichen Lärmen und Treiben geschlossen hatten, daß sie aufbrechen würden, legten sie in den Wäldern in günstigem Gelände, wo man sich verstecken konnte, beiderseits einen Hinterhalt von der Entfernung von 2 Meilen an, warteten auf die Ankunft der Römer und zeigten sich, als der größere Teil der Kolonne in eine große Talschlucht eingetaucht war, plötzlich auf beiden Talseiten. Sie begannen die Nachhut zu bedrängen und die Vorhut am Aufstieg zu hindern und ließen das Gefecht anlaufen auf (diesem) Gelände, das für die Unsrigen ganz ungünstig war. Da endlich lief Titurius, der ja derartiges nicht vorgesehen hatte, hin und her und verteilte die Kohorten; aber auch das ängstlich und so, daß es aussah, als ob alles zusammenbräche. Das ist meist bei solchen Leuten der Fall, die in der Situation selbst zu planen gezwungen werden. Aber Cotta, der mit solchen Zwischenfällen auf dem Marsch gerechnet hatte und deshalb nicht für den Abmarsch gewesen war, sorgte in jeder Hinsicht für das Ganze und leistete als Feldherr seine Pflicht, indem er die Soldaten anrief und ermunterte, und ebenso als Soldat im Kampf. Da sie wegen der Länge der Kolonne nicht persönlich überall sein und anordnen konnten, was an jedem Punkt zu tun sei, ließen sie durchsagen, man solle Gepäck und Troß lassen und einen Igel bilden. Auch wenn ein solcher Entschluß in dieser Lage nicht zu tadeln ist, so wirkte er sich doch ungünstig aus: verminderte er doch die Zuversichtlichkeit der Unseren und ermunterte die Feinde zum Kampf, weil er ein Ausfluß von Angst und Verzweiflung schien. Außerdem trat nun ein – wie konnte es auch anders sein –, daß die Soldaten allgemein auseinanderliefen und jeder versuchte, aus dem Gepäck das an sich zu nehmen, woran er am meisten hing; und die Luft füllte sich mit Geschrei und Getöse.

Text 9
Gallischer Überfall in Oberitalien (Liv. XXIII, 24, 7)

Wörter

3 vastus: wüst, leer (paßt hier für den deutschen Sprachgebrauch nicht) – 13/14 dextra – laeva: **46** – 20 incīdo, -cidi, -cisum, -cidere: ein-, anschneiden, ansägen (zu *caedere,* Gegensatz: incĭdere herein-, hineinfallen von *cadere*) – 22 immotae: zu movere – 24 monumentum, -i n.: Mittel zur Bewegung, hier: Anstoß (aus *movi-mentum*) – 26 impello, -pulsi, -pulsum, -pellere: antreiben, in Bewegung setzen, hier: anstoßen – 35/36 superum mare: das Adriatische Meer im Gegensatz zum *inferum marĕ* Tyrrhenischen Meer (vermutlich, weil man zum oberen Meer über die Apenninen muß?) – 49 ora, -ae f.: Rand (sonst: Küste) – 50–51 silva extrema: Waldrand, vgl. *summus mons* **67** – 57 saltus, -us m.: gebirgiger Wald, bes. Waldschlucht – 61 succido: vgl. Wort 20: unten anschneiden – 62 impellere vgl. Wort 26 – 67 instabilis, e: nicht standfähig, unstabil – 72 haereo, haesi, haerere: hängen – 73 incidere: hineinfallen vgl. Wort 20 – 74 anceps, -cipitis: doppelt, weil von beiden Seiten **166** – 75 strages, -is f.: das Hinbreiten, **172** – 79 obruere, -ui, -utum, -uere: verschütten – 87 exanimatus: atemlos, leblos – 91 truncus, -i m.: Stamm – 93 ramus, -i m.: Zweig – 96 inopinatus: unvermutet (zu *opinari* vermuten) – 98 trepidus: ängstlich (hin und herlaufend)

– 114 obsessus: besetzt – 115 ante: adv. **63** – 127 dimicare: kämpfen – 128 occumbere, -cubui, -cubitum, -cumbere: sterben (eigtl. nach vorn, entgegen fallen) – 129 spolium, -ii n.: abgezogene Rüstung – 130 corpus, -oris n.: hier: Leiche – 132 praecidere: (vgl. Wort 20) vorn abschneiden – 135 ovare: frohlocken – 143 purgare: reinigen (zu *purus,* Merkwort: *Purgatorium* Fegefeuer) – 150 calva, -ae f.: Schädel (Merkwort: Kalvarienberg, nach hebr. Golgatha, *Schädelstätte*) – 152 caelare: (eigtl. schnitzen) verzieren, hier vermutlich mit ziseliertem Goldrand – 155 vas, vasis n.: Gefäß (häufiger *vasum,* -i n.) – 159 sollemnis, -e: feierlich (eigtl. *sollus* ganz und *annus* Jahr = alljährlich), sollemne n.: Feierlichkeit – 160 libare: opfern (durch leichtes Benetzen oder das Ausschütten von Tropfen) – 167 antistes, -stitis m.: Vorsteher (*ante* und *stare*) – 177 etsi = etiamsi – 190 dissipare: verstreuen – 193 sterno, stravi, stratum, sternere: hinbreiten (dazu *strages* Wort 75 und *strata via* gepflasterte Straße) – 199 invenire: finden, erfinden (eigtl. draufkommen)

Grammatik

7 qua: kann auf *silva* bezogen werden, aber auch **46** – 24–25 momento levi: *abl. instr.* **69** – 33 socium: alter *gen.* (= sociorum) **39**; *gen. part.* (zu tantum) **92** – 43 armatorum: *gen. part.* **92** – 62 impellunt: *praes. hist.* **105** – 74–75 ancipite strage: *abl. instr.* **69** – 91–92 truncis fragmentisque: *abl. instr.* **69** – 96–97 inopinato malo: *abl. instr.* **69** – 105, 108 paucis captis: *abl. abs.* **75** – 114, 118 obsesso ponte: *abl. abs.* **75** – 123, 124 omni vi: *abl. instr.* **69** – 125 ne: Finalsatz **118** – 136 templo: *dat.* bei zusammengesetzten Verben (inferre) **81** – 143, 145 purgato capite: *abl. abs.* **75** – 151 auro: *abl. instr.* **69** – 152 caelavere: Kurzform **29** – 158 quo: *abl. instr.* **69** – 160 libarent 164 esset: coni. iterat. **104** – 191 fuga: *abl. instr.* **69**

Erstübersetzung

Es war da ein menschenleerer Wald – Litana nannten ihn die Gallier –, wo er das Heer durchzuführen im Begriff war. Um den Weg herum, zur Rechten und zur Linken dieses Waldes, sägten die Gallier die Bäume so an, daß sie unbeweglich standen, aber mit leichtem Anstoß angetrieben niederstürzen sollten. Postumius hatte zwei römische Legionen und hatte von den Bundesgenossen an der Adria soviel ausgehoben, daß er 25 000 Bewaffnete in das Gebiet der Feinde führte. Als die Gallier den äußersten Rand des Waldes umstellt hatten, stießen sie, sobald der Zug die Waldschlucht betreten hatte, die äußersten der angesägten Bäume um; diese, stürzend einer über den anderen an sich lockeren und schlecht hängenden, verschütteten in doppeltem Niederbrechen Waffen, Männer und Pferde, so daß kaum 10 Menschen entkamen. Denn als die meisten durch die Baumstämme und Zweige entseelt waren, erschlugen die Gallier, die die ganze Schlucht bewaffnet rings besetzt hatten, die übrige Menge, die von dem unerwarteten Übel verängstigt war, bei nur wenigen Gefangenen aus einer so großen Zahl, die, die Flußbrücke erstrebend, abgeschnitten wurden bei vorher von den Feinden besetzter Brücke. Dort fiel Postumius, mit aller Macht kämpfend, um nicht gefangen zu werden. Die Rüstung der Leiche und das abgeschnittene Haupt des Führers trugen die Bojer frohlockend in den Tempel, der bei ihnen am heiligsten ist. Bei gereinigtem Kopf, wie es bei ihnen Sitte ist, verzierten sie den Schädel mit Gold, und das war ihnen ein heiliges Gefäß, mit dem sie an Feiern opferten und das zugleich als Becher für den Priester und die Tempelvorsteher diente. Auch die Beute war für die Gallier nicht geringer als der Sieg; denn auch wenn ein großer Teil der Tiere durch den Sturz des Waldes untergegangen war, so wurden doch die übrigen Dinge, da nichts durch Flucht zerstreut war, hingebreitet durch die ganze Reihe des liegenden Zugs gefunden.

Endübersetzung

Es war da ein Urwald – Litana nannten ihn die Gallier –, durch den er das Heer führen wollte. Die Gallier sägten längs des Weges rechts und links die Bäume so an, daß sie zwar unbeweglich stehenblieben, aber bei einem nicht allzu starken Anstoß umfallen mußten. Postumius führte zwei römische Legionen mit sich und hatte an der Adria soviel Bundesgenossen ausgehoben, daß er 25000 Mann unter Waffen in Feindesland führte. Die Gallier hatten den Waldrand besetzt; sobald der Heereszug in der Waldschlucht steckte, stießen sie die äußersten der angesägten Bäume um. Diese stürzten auf die nächsten, die – selbst unstabil und nur noch schlecht haltend – im Stürzen von beiden Seiten Waffen, Männer und Pferde unter sich begruben, so daß kaum 10 Menschen entkamen. Denn als die Mehrzahl entseelt unter den Baumstämmen und Ästen lag, schlachteten die Gallier, die den ganzen Wald wohlbewaffnet besetzt hielten, die Masse der übrigen ab, die durch das unerwartete Unglück in Panik geraten war. Aus dieser ganzen Zahl gab es wenige Gefangene. Sie hatten dem Fluß zugestrebt und wurden dort abgeschnitten, weil die Brücke vorher von den Feinden besetzt worden war. Dort fiel auch Postumius, erbittert kämpfend, um nicht in Gefangenschaft zu geraten. Die Rüstung seiner Leiche und den abgeschnittenen Feldherrnkopf brachten die Bojer triumphierend in ihren heiligsten Tempel. Dann wurde der Kopf gesäubert, wie bei ihnen Sitte, der Schädel mit Gold verziert. Er diente ihnen als Altarkelch, um bei Feierlichkeiten Opfer zu spenden, und zugleich als Trinkgefäß für den Priester und die Tempelvorsteher. Die Beute war für die Gallier nicht weniger wert als der Sieg; denn wenn auch ein großer Teil der Tiere vom stürzenden Wald zugrunde gerichtet war, so fanden sich doch alle übrigen Dinge – es war ja nichts auf der Flucht zerstreut – schön hingebreitet entlang der ganzen Kolonne.

Text 10
Jugurtha vor dem Kampf (Sall. Jug. 49, 2)

Wörter

3 turma, -ae f.: Schwadron – 9 obtestari: beschwören (die Götter zu Zeugen anrufen, von *testis* – Zeuge) – 10 uti = ut **229** – 11 memor: eingedenk – 12 pristinus: früher (zu *prior, primus*) – 24 *is* vor *qui* mit *coni.*: **200** – 30–32 sub iugum mittere: wenn man Besiegte demütigen wollte, ließ man sie Mann für Mann unter dem Joch einer extra tief gehängten Stange (Speer) durchgehen, so daß sich jeder bücken mußte – 41 decet me: es ziemt sich für mich – 44 providere: **83** – 54 plures: mehr, ziemlich viele (*complures* – mehrere!) – 56 rudis, -e: roh (ungeschult, vgl. *erudire*) – 60/61 manum (auch manus) conserere: die Hände ineinanderkriegen, handgemein werden **222** – 62 proinde: deshalb (voraus von da, *von da aus*) – 73 omnis: acc. pl. **32** – 79 maxumus: **38** – 80 aerumna, -ae f.: Beschwernis, Plackerei

Grammatik

2–5 singulas turmas et manipulos: *acc.* v. *circum* (in *circumire*) abhängig (wie bei *adire*) – 12–15 pristinae virtutis et victoriae: *gen. obi.* **89** – 18 suom: **38** – 22 defendere a: **53**; die Verteidigung trennt den Schützling vom Angreifer – 32 miserint: das regierende obtestatur, Wort 9, wird hier als Haupttempus gerechnet, sonst müßte misissent stehen – 58 belli: *loc.* **52** – 65 essent: Aufforderung in der indirekten Rede; obtestatur wird hier als Nebentempus gerechnet, sonst müßte sint stehen (**129, 105**) – 66–67: signo dato: *abl. abs.* **75**

Erstübersetzung

Jugurtha, herumgehend bei den einzelnen Schwadronen und Manipeln, mahnt und beschwört, daß sie eingedenk der früheren Tapferkeit und des Sieges ihn und sein (oder sich und ihr) Königreich vor der Habsucht der Römer verteidigen sollten: Der Kampf werde ihnen sein mit Leuten, welche sie vorher als Besiegte unters Joch geschickt hätten; der Feldherr sei für sie geändert, nicht der Mut; was vom Feldherrn aus sich gehört habe, habe er alles für die Seinen vorgesehen, ein höheres Gelände, daß sie als Kluge mit Unerfahrenen, nicht weniger mit mehr oder unausgebildet mit besseren handgemein würden. Deshalb sollten sie bereit und angespannt sein, auf das gegebene Zeichen die Römer anzugreifen: Jener Tag werde entweder alle Mühen und Siege festigen oder der Anfang größter Schwierigkeiten sein.

Endübersetzung

Jugurtha ritt einzeln zu den Schwadronen und Kompanien, mahnte und beschwor sie, sie sollten an ihre frühere Tapferkeit und ihren Sieg denken und sich und ihr Reich gegen die Habsucht der Römer verteidigen: Sie hätten zu kämpfen mit Leuten, die sie früher schon als Besiegte unters Joch geschickt hätten; der Feldherr habe bei denen gewechselt, der Mut nicht; er (seinerseits) habe für die Seinen gesorgt, wie es sich für einen Feldherrn gehöre; sie könnten von oben herab kämpfen, als eine erfahrene Truppe mit Unerfahrenen; zahlenmäßig nicht unterlegen, nicht schlechter ausgebildet als der Feind. Deshalb sollten sie sich bereit halten und die Römer mit vollem Einsatz angreifen auf das gegebene Signal: *der* Tag werde alle Mühen belohnen und den Sieg bestätigen oder der Anfang unendlicher Plackerei sein.

Text 11
Jugurtha mit seinen Numidern überfällt Metellus (Sall. Jug. 50, 3f)

Wörter

4 extremus: statt *novissimus* (Nachhut), weil er erst nach Abzug der Römer den Berg besetzen kann – 22 forte: zufällig, erstarrter *abl. instr.* **36** v. *fors* Zufall – 27 post: *adv*. **63** – 45 temptare: versuchen (= versuchsweise angreifen) – 46 infensus: heftig, feindselig – 49 instare: bedrängen – 60 obvius: entgegen (-gehend oder -stehend), von *ob* und *via* – 63 ludificare: zum Gespött machen – 68 eminus: von weitem (mit Fernwaffen, Pfeilen usw., v. *ex* und *manus*); Gegensatz *comminus*: im Nahkampf, mit der Hand – 69 saucire: verwunden (zu *saucius* verwundet) – 71 contra: *adv*. **63** – 72 ferire: schlagen, stoßen – 74, 75 manum conserere: handgemein werden (die Hand zusammenreihen) – 76 copia, -ae f.: Vorrat, Menge, Möglichkeit – 78 ante: *adv*. vorher **63** – 86 turma, -ae f.: Schwadron *S. 8* u. – 88 coepi: perf. zu *incipere* v. altem *coepio* – 90 confertim: *adv*. zu *confertus* dichtgedrängt **178** nach **36** – 93 unum: ergänze locum – 94, 95 se recipere: sich zurückziehen (eigtl. sich zurücknehmen) – 101 divorsi = diversi: auseinandergewandt **38** – 104 prior: überlegen (sonst: früher) – 110 nequeo, -quivi, nequire: nicht können (zu *ire*) – 115 latus, -eris n.: Flanke – 117 sin = sin autem: wenn aber (nicht: wenn nicht) – 125 vero: aber, auch: wahrhaftig – 131 virgultum, -i n.: Gebüsch (zu *virga* Rute) – 134 asperitas, -tis f.: Rauheit (zu *asper*) – 136 insolentia, -ae f.: Ungewohntheit (auch: Unverschämtheit, weil nicht üblich) – 140 facies, -iei f.: Aussehen (eigtl. Machart) – 145 foedus: häßlich, gräßlich – 147 miserabilis: beklagenswert (nicht: miserabel!) – 148 dispergo, -si, -sum: zer-

streuen – 161 quisque: jeder **40** – 167 propulsare: abwehren (*intens.* **156** zu *pellere*) – 168, 169 arma: – (wenn bei *tela*) Angriffswaffen – Schutzwaffen (Helm, Panzer, Schild, Schienen) – 181 fors: s.o. 22 – 187 procedere: vorrücken **174** – 191 eventus, -us m.: der Ausgang (Ereignis) – 195 denique: zuletzt – 197 labor, -ris m.: Anstrengung **202** – 200 languidus: matt (v. *languere* schlaff sein, languescere, *inch.* **153** schlaff werden) – 206 instare: s.o. 49 – 207 paulatim: allmählich **36** (zu *paulum* ein wenig) – 210 unum: s.o. 93 – 218 advorsum: *acc.* (als *adi.*, *adv.* und *präp.* gebraucht) – 235 deficere: nachlassen **182** – 237 patior, passus sum, pati: zulassen, dulden (Merkwörter: passiv, Passion) – 248 quo: wohin **45** – 250 tendere: sich anspannen, streben (Merkwort: Tendenz) – 256, 258 ne quidem: nicht einmal, auch nicht – 269 delectus: erlesen **183** – 270 temptare: s.o. 45 – 272 subvenire: zu Hilfe kommen – 275 dubius: schwankend (zu *duo* zwei), zweifelhaft – 280 eminus: s.o. 68 – 303 advorsus: s.o. 218 – 310 denique: s.o. 195 – 321 copia: s.o. 76 – 327 vesper, -ris m.: Abend (eigtl. Abendstern) – 332 praeceptum, -i n.: Vorschrift, v. *praecipere* vorschreiben – 338 fundo, fusi, fusum: zersprengen (eigtl. ausgießen) – 347 ignarus: unwissend *und* unbekannt – 348 tueor, tutatus sum: schützen

Grammatik

10 videt: *praes. hist.* **105** – 11, 12, üblich wäre: quasi praesidio *dat. fin.* **79** – 13 duum: alter *gen.* statt *duorum* (wie *deum* **39**) – 18 qua: wo (ergänze *parie* **46**) – 23, 24 cedentibus adversariis: *dat. comm.* **78** – 25, 28 receptui munimento: *dat. fin.* **79** – 29 foret = esset **194** – 32, 33 signo dato: *abl. abs.* **75** – 34 hostis: *acc. plur.* **32** – 35 invadit: *praes. hist.* **105** – 39 caedere, 45 temptare, 47 adesse, 49 instare, 44 conturbare: *inf. hist.* **106** – 41: Fragevertauschung **65** – 50, 51 omnibus locis: *abl. loc.* **52** – 58, 59 firmioribus animis: *abl. mod.* **74** – 64, 65 incerto proelio: *abl. instr.* **69** – 72, 74 feriundi, conserundis *gerundium* **25** – 98 alio: anderswohin **45** – 99, 100 maxume divorsi: altertüml. **38** – 103 numero: *abl. lim.* **73** – 107 persequendo: *gerundium* **25** – 108 hostis: s.o. 34 – 112 ab: Fragevertauschung s.o. 41 – 119 fugae: *dat. fin.* **79** – 132 evadere: *inf. hist.* **106** – 142 negoti = negotii **30** – 152 cedere- 183 regere: *inf. hist.* **106** – 177, 179 consilio imperio: *abl. mod.* **74** – 186 diei: gen. part. (zu *multum*) **92** – 188 quom = cum **37**: *invers.* **181** – 196, 200 omnibus languidis: *abl. abs.* **75** – 197, 199 labore, aestu: *abl. instr.* **69** – 204, 206 Numidas instare: *a.c.i.* **125** – 215 cohortis: *acc. pl.* s.o. 34 – 225, 226 superioribus locis: *abl. loc.* **52** – 230, 232 orare, hortari: *inf. hist.* **106** – 234–254 ind. Rede: **129** – 238, 239 hostis fugientis: s.o. 108 – 262 ff.: *inf. hist.* **106** – 274 hostibus: *dat. b.* zusammengesetzten Verben **81** – 283 eo modo: *abl. mod.* **74** – 295, 296 opibus disparibus: *abl. instr.* **69** oder *qual.* **72** – 298 Metello: *dat. poss.* **95** – 313 intellegunt: *praes. hist.*: **105** – 315 sibi-fieri: *a.c.i.* **125** – 322 pugnandi: *gerundium* **25** – 326 die: *abl. temp.* **54** – 329, 330 advorso colle: *abl. abs.* **75** = *adv.*: aufwärts **221** – 335, 336 amisso loco: *abl. abs.* **75** – 341 interiere: Kurzform **29** – 348 tutata: *neutrum* (Kongruenz! **16**)

Erstübersetzung

Aber Jugurtha, als er sah, daß die Nachhut des Metellus an seiner Vorhut vorbeimarschiert war, besetzte gleichsam durch eine Besatzung von 2000 Fußsoldaten den Berg, wo Metellus heruntergekommen war, damit er nicht etwa den weichenden Gegnern zu einem Rückzugspunkt und nachher zur Befestigung diene. Dann plötzlich, auf ein gegebenes Zeichen, griff er die Feinde an. Die Numider – die einen schlugen die hintersten nieder, ein Teil griff versuchsweise rechts und links an, war im Angriff gegenwärtig und bedrängte, verwirrte allerorts die Ordnungen der Römer. Von diesen wurden auch die, welche mit ziemlich festem Mut den Feinden entgegengestanden hatten, durch das unsichere Gefecht zum Spielball geworden, eben von ferne verwundet, und es gab nicht die Möglichkeit zum Gegenschlagen oder Handgemeinwerden. Schon vorher von Jugurtha belehrt, zogen sich die Reiter, wo eine Schwadron Römer zu verfolgen begonnen hatte, sich nicht dicht gedrängt auf einen Punkt hin zurück, sondern jeder woandershin, möglichst in verschiedener Richtung. So umgingen sie, an Zahl überlegen, wenn sie die Feinde von der Verfolgung nicht hatten abschrecken können, die (nun) zerstreuten von hinten oder von den Flanken; wenn zur Flucht eine Anhöhe günstiger als die ebenen Flächen gewesen war, entkamen die Pferde der Numider, an diesen Weg wahrhaftig gewöhnt, leicht zwischen den Büschen, die Unsrigen hielt die Rauheit und Ungewohntheit des Ortes zurück. Im übrigen war die Art des ganzen Geschäftes verschieden, unklar, scheußlich und jammerwürdig; zersprengt von den Ihren wich ein Teil, andere verfolgten; sie achteten nicht auf Signale und Ordnungen; wo jeden die Gefahr erwischt hatte, dort leistete er Widerstand und wehrte ab; Schutzwaffen, Angriffswaffen, Pferde, Männer, Feinde und Bürger waren gemischt, nichts wurde auf Plan und Befehl gemacht, der Zufall regierte alles. So war viel vom Tag fortgeschritten, als auch da noch der Ausgang im Ungewissen war. Schließlich, als alle von Mühe und Hitze matt waren, führte Metellus, als er sah, daß die Numider weniger drängten, allmählich die Soldaten auf einen Raum zusammen, stellte die Ordnungen wieder her und setzte vier Legionärskohorten gegen die Fußsoldaten der Feinde. Von denen war ein großer Teil auf erhöhtem Gelände ermüdet niedergesessen. Zugleich bat und mahnte er die Soldaten, sie sollten nicht nachlassen und zulassen, daß die fliehenden Feinde Sieger blieben: sie hätten kein Lager und keine Befestigung, wohin sie weichend streben könnten, alles liege für sie in den Waffen. Aber auch Jugurtha war inzwischen nicht ruhig; er ging umher, munterte auf, erneuerte das Gefecht und machte überall Versuchsangriffe mit Erlesenen, brachte den Seinen Hilfe, schwankende Feinde bedrängte er; (Feinde), die er als standfest erkannt hatte, hielt er durch Kampf aus der Ferne zurück. Auf diese Weise wetteiferten untereinander zwei Feldherren, größte Männer, selbst ebenbürtig, im übrigen mit ungleichen Mitteln. Denn Metellus hatte die Tapferkeit der Soldaten und ungünstiges Gelände, dem Jugurtha war alles außer den Soldaten günstig. Als schließlich die Römer einsahen, es gebe für sie keine Zuflucht und vom Feind werde keine Gelegenheit zum Kampf gegeben – und es war schon Abend am Tag –, entkamen sie bei ansteigendem Hügel, wie befohlen war. Bei verlorenem Gelände wurden die Numider zersprengt und in die Flucht gejagt; wenige gingen unter, die meisten schützte die Schnelligkeit und das den Feinden unbekannte Gelände.

Endübersetzung

Aber als Jugurtha sah, daß die Nachhut des Metellus an seiner Vorhut vorbeimarschiert war, sicherte er die Anhöhe, wo Metellus heruntergerückt war, mit einer Art Besatzung von 2000 Mann zu Fuß, damit sie sich nicht etwa den Feinden, wenn sie weichen wollten, als Rückzugs- und nachher als Stützpunkt anbiete. Dann gab er plötzlich das Zeichen und griff die Feinde an. Von den Numidern begannen die einen, die Nachhut niederzumachen, ein Teil machte die rechte und linke Flanke unsicher, drohte und drängte gefährlich und allgegenwärtig und brachte allerorts Verwirrung in die römischen Reihen. Auch die, die sich nicht ins Bockshorn jagen ließen und dem Feind die Stirn boten, wurden selbst ein Spielball des ungeordneten Kampfgeschehens und durch Geschosse verwundet ohne die Möglichkeit zu einer Gegenwehr im Handgemenge. Wie Jugurtha schon vorher eingeschärft hatte, zogen sich seine Reiter dort, wo eine römische Schwadron die Verfolgung aufgenommen hatte, nicht geschlossen und in einer Richtung zurück, sondern jeder woandershin, so zerstreut wie möglich. So waren sie, an Zahl überlegen, imstande, wenn sich die Feinde nicht hatten von der Verfolgung abhalten lassen, sie von hinten oder seitlich zu umgehen, wenn sie sich auseinandergezogen hatten; wenn sich aber eine Anhöhe mehr zur Flucht anbot als das ebene Feld, entkamen die Pferde der Numider, an solche Flucht gewöhnt, leicht zwischen den Büschen; die Unsrigen schreckte der unebene und ungewohnte Boden ab. Im übrigen war der Charakter der ganzen Affäre verschieden, unübersichtlich, scheußlich und jammerwürdig; von den Eigenen abgesprengt wich ein Teil, andere waren in der Verfolgung begriffen; man achtete nicht auf Signale und Formation; wo jeden die Gefahr angetroffen hatte, dort stand er in Abwehr oder Gegenstoß; Waffen aller Art, Pferde, Männer, Freund und Feind wirbelten durcheinander; nichts lief nach Plan oder Befehl; alles blieb dem Zufall überlassen. So war schon ein großer Teil des Tages dahin, als der Ausgang noch immer ungewiß war. Als schließlich alle von Hitze und Anstrengung erschöpft waren, konnte Metellus, als er sah, daß die Numider nicht mehr so heftig angriffen, die Truppen allmählich konzentrieren, die Formationen wieder ordnen und vier Kohorten Legionäre gegen das feindliche Fußvolk einsetzen. Das hatte sich zu einem großen Teil ermattet auf einer Höhe niedergelassen. Zugleich bat und mahnte er die Soldaten, sie sollten nicht nachlassen und den Feinden, die doch (nie) standhielten, den Sieg überlassen; die hätten doch kein Lager und keine Befestigung, wohin sie ihren Rückzug lenken könnten; für sie komme alles auf den Kampf an. Aber auch Jugurtha gönnte sich keine Ruhe; er ritt herum, mahnte, erneuerte den Kampf und versuchte mit erlesenen Truppen alles Mögliche, den Seinen brachte er Hilfe; wo der Feind schwankte, drängte er nach; sah er ihn unerschütterlich, hinderte er ihn durch Beschuß an der Entfaltung. So wetteiferten die beiden Feldherren miteinander, hervorragende Männer, für ihre Person ebenbürtig, aber mit ungleichen Mitteln. Denn Metellus hatte die Tapferkeit seiner Soldaten für sich, aber ein ungünstiges Gelände; für Jugurtha sprach alles außer seinen Soldaten. Zuletzt lösten sich die Römer (vom Feind), als sie sahen, es gebe keine Sicherheit für sie und andrerseits stelle sich der Feind nicht zu einem richtigen Kampf – und es war schon spät am Tage – bergauf, wie befohlen. Die Numider gaben das Gelände auf, wurden zersprengt und in die Flucht geschlagen; aber nur wenige fielen. Die meisten rettete ihre Schnelligkeit und das Gelände, mit dem die Feinde nicht vertraut waren.

Text 12
Römischer Überfall in Afrika (Liv. XXX, 5,4)

Wörter

14 ignis, -is m.: Feuer, pl. Feuerbrände – 23 seducere: (aus sed-ducere, wie se-parare etc.) getrennt führen, auf die Seite nehmen – 24 obtestari: beschwören (Götter als Zeugen – testes – anrufen) – 29 adimere: (eigtl. an sich nehmen, also einem andern) wegnehmen – 31 diligentia, -ae, f.: vgl. **183** – 42 coepturum zu coepi: von altem *coepio,* beginne, verwendet als *perf.* zu *incipio* – 52 morari: verweilen (nicht *mori sterben)* – 56 ut = ut primum: vgl. **229** – 58 casa, -ae f.: Hütte (die Numider hatten strohgedeckte Hütten aufgerichtet) – 61 haereo, haesi, haesurus, haerere: hängen, haften – 62 extemplo: sofort (eigtl. von einem bestimmten Standort – Urbedeutung von *templum*! – weg) – 63 proxima etc.: substantiviertes Adjektiv, nicht angeschlossen an *ignis* **47** – 66 deinceps: der Reihe nach **166** – 67 continuus: zusammenhängend, anschließend – 68 amplector, amplexus sum, amplecti: umfassen, erfassen (eigtl.: von beiden Seiten – *ambo* (um)flechten – *plectere*) – 71 passim: weit und breit (von *pandere* ausdehnen, *passus* – Schritt = Spreizung) – 72 dissipare: zerstreuen, verbreiten – 75 trepidatio, -ionis f.: das Hin- und Herlaufen (von *trepidare,* dt. trippeln) – 82 effundo, -fusi, -fusum, -fundere: ausgießen, verbreiten (militärisch auch: zersprengen) – 100 restinguo, -stinxi, -stinctum, -stinguere: löschen – 116 itinera: (hier) Lagergassen – 123 cubile, -is n.: Ruhelager (von *cubare*) – 124 semisomnus:

halb schläfrig – 125 haurio, hausi, haustus, haurire: trinken, verschlingen – 128 praeceps; -pitis: kopfüber **166** – 130 ruo, rui, rutus, ruere: stürzen (davon *ruina* der Einsturz, *ruinae* die Trümmer) – 132 alios alii: **164** – 135 angustiae, -arum f.: die Enge (dazu *anxius, angere* und dt. *Enge, Angst*) – 137 obtero, -trivi, -tritum, -terere: zerreiben (dazu *detrimentum* Abreibsel, Nachteil) – 139 relucere = lucere – 142 vigil, -is: wachsam, auch Wächter, Wache – 145 excitare: int. **152** von *ciere* erregen – 157/158 sua (mea, nostra) sponte: aus (meinem) eigenen Antrieb – 164 caedes, -is f.: **172** – 167 tollo, sustuli, sublatum, tollere: erheben – 170 trepidatio s. Wort 75 – 174 sensus, -us m.: Wahrnehmung (Sinn) – 176 adimere s. Wort 30 – 181 inermis, -e: unbewaffnet – 186 suspicio, -spexi, -spectum, -spicere: von unten (also *heimlich, mit Verdacht)* ansehen, verdächtigen, *suspectus* verdächtig – 195 modo: nur **224** – 206 caedo, caesi, caesum, caedere: fällen, niederhauen – 208 praeterquam: außerdem – 234 spargo, sparsi, sparsum, spargere: ausstreuen – 241 serpo, serpsi, serpere: schleichen, kriechen – 247 amburo, -bussi, -bustum, -burere: (ambo und urere) anbrennen, versengen – 249 iumentum, -i n.: Großtier (das ins Joch – iugum – gespannt werden kann) – 254 strages, -is f.: vgl. **172** – 255 obruere: verschütten, vgl. Wort 130 – 260 opprimere: überfallen, niederdrücken (von Schiffen: versenken) – 263 absumo, -sumpsi, -sumptum, -sumere: wegraffen – 264 bini, -ae, -a: je zwei, hier = duo – 266 clades, -is f.: **172** – 271 ambo, -ae, -o: beide – 287: adflare: anblasen, hier: versengen

Grammatik

4 copiarum: *gen. part.* **92** – 28 providentiae: *gen. part.* **92** – 31, 33 diligentia curaque: Subjekt oder *abl. instr.* **69** – 41 ante (von *quam* getrennt): **64** – 57–58 primis casis: *dat.* bei zusammengesetzten Verben **81** (inicere) – 63, 64 proxima quaeque: **47** – 77 quantam: ergänze fieri (*a. c. i.*) – 105 incidere: *inf. hist.* **106** oder Kurzform perf. **29** – 111 notitia: *abl. caus.* **71** – 117–118 idoneis locis: *abl. loc.* **48** und **52** – 128–129 praecipiti fuga: *abl. modi* **74** – 147–148 nocturno tumultu: *abl. instr.* **69** – 149 cum: zum Verbum an den Schluß gezogen **144** – 154 credere: *inf. hist.* **106** – 175 veri: *gen. obi.* **87** Wahrnehmung des Wahren – 182 ut: **229** – 188–189 omnibus portis: *abl. sep.* **48** – 190 qua: ergänze via nach **46** – 197–198 restringuendo igni: *dat. fin.* **79**, *gerundivum* **23** – 205–207 quibus caesis omnibus: *abl. abs.* **75** – 213 (ali) quis: **44** – 219 ut: **229** – 225, 229 ignibusque coniectis: *abl. abs.* **75** – 235 pluribus locis: *abl. loc.* **52** – 242, 245 uno incendio: *abl. instr.* **69** – 250, 254 foeda strage: *abl. instr.* **69** – 266–267 clade una: *abl. instr.* **69** – 276 armatorum: *gen. part.* **92** – 279 peditum: *gen. part.* **92**

Erstübersetzung

Dort teilt Scipio einen Teil der Truppen dem Lälius zu, dazu den Masinissa und die Numider, und heißt sie das Lager des Syphax angreifen und Brände werfen. Darauf beschwört er sie einzeln getrennt, Lälius und Masinissa auf die Seite geführt, daß sie, wieviel die Nacht an Voraussicht wegnehme, soviel durch Umsicht und Sorgfalt auffüllen (ersetzen) sollten; er werde Hasdrubal und das punische Lager angreifen; übrigens werde er nicht früher beginnen, als er Feuer im königlichen Lager erblickt habe. Und die Sache wurde nicht lange verzögert; denn sobald das Feuer, auf die ersten Hütten geworfen, haftete, verbreitete es sich weithin im ganzen Lager, sofort gerade das Nächste und dann das Anschließende ergreifend. Und freilich entstand ein ängstliches Hin- und Herlaufen, wie groß es bei einem nächtlichen, soweit ausgedehnten Brand unausweichlich war; im übrigen gerieten (fielen) sie, überzeugt, es sei ein zufälliges, nicht ein feindliches oder kriegerisches Feuer, und ohne Waffen zum Brandlöschen zerstreut, in die bewaffneten Feinde, meist Numider, von Masinissa aus Kenntnis des königlichen Lagers an den Ausgängen der Lagergassen an günstigen Punkten verteilt. Viele, noch halb im Schlaf, verschlang die Flamme auf dem Lager selbst; viele, in kopfloser Flucht die einen über die andern stürzend, wurden in der Enge der Torwege aufgerieben.
Als zuerst die Wachen der Karthager, dann durch den nächtlichen Tumult aufgeschreckt, andere die leuchtende Flamme erblickt hatten, glaubten sie vom selben Irrtum aus auch selbst, der Brand sei von sich aus entstanden; und das Geschrei, zwischen Gemetzel und Wunden erhoben, benahm den Verwirrten die Wahrnehmung des Wahren, ob es (aus dem Gemetzel oder) aus nächtlicher Panik stammte. Und so stürzten sie, jeder für sich, unbewaffnet, aus allen Toren, wie Leute, denen nichts Feindliches verdächtig geworden ist, nur das tragend, was zum Feuerlöschen diente, in den Zug der Römer hinein. Nachdem diese alle erschlagen waren, außer aus feindlichem Haß auch, damit keiner als Bote zurückfliehe, griff Scipio sofort die – wie bei einem solchen Tumult – vernachlässigten Tore an; und nachdem Brände auf die nächstliegenden Dächer geworfen waren, leuchtete die Flamme hier und da auf zuerst wie zerstreut, an ziemlich vielen Orten, dann, durch das Zusammenhängende kriechend, verschlang sie plötzlich mit *einem* Brand alles. Die angesengten Menschen und Tiere verschütteten zuerst in schrecklicher Flucht, dann im Hingebreitetsein die Torwege. Welche das Feuer nicht weggerafft hatte, wurden durch das Schwert erledigt und so 2 Lager in einer Niederlage zerstört. Dennoch entkamen beide Führer und aus so vielen Tausenden von Bewaffneten 2000 Fußsoldaten und 500 Reiter, halbbewaffnet, ein großer Teil verwundet und vom Brand versengt.

Endübersetzung

Dort unterstellte Scipio dem Lälius einen Teil der Truppen, dazu den Masinissa und seine Numider, und gab ihnen den Auftrag, das Lager des Syphax anzugreifen und Feuer zu legen. Dann nahm er Lälius und Masinissa einzeln getrennt auf die Seite und beschwor sie, sie sollten mit wachsamer und unermüdlicher Umsicht das wettmachen, was die Nacht an planvoller Führung nicht zulasse; er werde Hasdrubal und das punische Lager angreifen; übrigens werde er nicht beginnen, ehe er das Feuer im königlichen Lager wahrnehme. Mit dem Unternehmen wurde nun auch nicht länger gezögert; denn sobald das Feuer auf die ersten Hütten geworfen war und richtig gezündet hatte, erfaßte es sofort die nächste Umgebung, fraß sich fortgesetzt weiter und verbreitete sich weit im ganzen Lager. Natürlich entstand ein Hin- und Hergerenne, wie bei einem so ausgedehnten Brand bei Nacht unvermeidlich; übrigens glaubten sie, das Feuer sei ein zufälliger Brand, nicht eine feindliche Kriegshandlung, und rannten unbewaffnet zum Feuerlöschen und ohne Ordnung. Da stießen sie auf die bewaffneten Feinde, vorwiegend Numider, die Masinissa in Kenntnis des königlichen Lagers auf die Ausgänge der Lagergassen geschickt verteilt hatte. Viele raffte die Flamme noch halb im Schlaf auf ihrem Ruhelager hinweg; viele stürzten in kopfloser Flucht übereinander und wurden in den engen Torwegen aufgerieben. Als erst die karthagischen Wachen, dann auch andere, vom nächtlichen Tumult aufgeschreckt, die leuchtende Flamme erblickten, glaubten auch sie, im selben Irrtum befangen, das Feuer sei zufällig entstanden; und das Geschrei, das sich beim Verwunden und Hinschlachten erhob, ließ – verwirrt, wie sie waren – keine bestimmte Wahrnehmung zu, ob es sich nicht doch nur um eine nächtliche Panik handle. Und so stürzten sie, die keinen Verdacht auf Feindeinwirkung hatten, unbewaffnet, jeder auf eigene Faust, aus allen Toren, auf dem nächstbesten Weg, und nahmen nur das mit, was man zum Feuerlöschen brauchen konnte – und mitten in die Römer hinein. Als sie alle erschlagen waren – schon aus Erbhaß, aber auch, damit keiner entkomme und melden könne –, griff Scipio sofort die jetzt – wie bei einem solchen Durcheinander zu erwarten – nicht gerade scharf bewachten Tore an; man warf Feuer auf die nächsten Dächer, die Flamme leuchtete erst an einigen Punkten wie verstreut auf, dann fraß sie sich in der Nachbarschaft heimlich weiter und verschlang zuletzt plötzlich alles in *einer* Feuersbrunst. Angesengte Menschen und Tiere verstopften zuerst in panikartiger Flucht, dann mit ihren Leichenhaufen die Torwege. Wen das Feuer nicht verschlang, der wurde vom Schwert dahingerafft. So wurden beide Lager mit einem Schlag vernichtet. Immerhin entkamen beide Feldherren und von so vielen tausend Bewaffneten 2000 Mann zu Fuß und 500 zu Pferd, halbbewaffnet, ein großer Teil verwundet und mit Brandverletzungen.

Text 13
Stimmung in Rom: Wagnis eines Konsuls (Liv. XXVII, 43, 1)

Wörter

10 quadriennium, -ii n.: Zeitraum von 4 Jahren – 15 obiectus: gegenüberliegend (eigtl. entgegengeworfen) – 22 constat: **179** – 30 apparet: es ist klar, offenbar – 33 iniquus (von aequus): ungleich (auch: parteiisch, also:) ungerecht – 36 eventus, -us m.: Ausgang, auch: Ereignis – 35 ex: aus – heraus, aufgrund von – 37 fama, -ae f.: Gerücht, Ruf (gut oder böse) = öffentliches Urteil – 49 detraho, -xi, -ctum, -here: abziehen (bekannter: Subtraktion) – 50 foret = esset **194** – 53 robur, -oris n.: Kerntruppe, Schlagkraft (eigtl. *Kernholz*) – 61 ostendo, -tendi, -sum, -dere: zeigen, hier: vorgeben (aus obs entgegen und tendere strecken) **226** – 89 palam: adv. öffentlich – 99 proficiscor, profectus sum, proficisci: aufbrechen – 114 auspicium, -ii n.: Vogelschau (darf nur vom *imperator* veranstaltet werden und gilt dem Livius als Vorbedingung günstigen Ausgangs) – 121 proximus: bezeichnet in einer Reihe (hier: von Jahren) das dem laufenden nächste, also das letztvergangene und nächstfolgende – 128 accido, -di, -dere: sich ereignen (eigtl. zufallen, wie Zufall) – 138 nunc: jetzt – bezogen auf die Gegenwart des Sprechers (Gegensatz: *tum*, bezogen auf die Gegenwart der Erzählung) – 152 quippe: ja **218** – 160 impiger: unverdrossen (von *piger, pigra, -rum* verdrossen, faul) – 168 exercitare: Intensivum von *exercere* **152** (Partizip *-tatus*, gebräuchlich, weil *exercitus* mit Heer verwechselt würde) – 170 geminus: doppelt (eigtl. zwillingshaft) – 172 insignis, e: berühmt, gekennzeichnet (eigtl.: wo ein Zeichen dran ist) – 186 concitare: Intensivum **152** zu conciere: aufregen, zusammen aufreizen – 198 quippe s. Wort 152 – 203 cogere: zusammenbringen **176** – 218 amittere: verlieren **204**

Grammatik

4–6 terroris ac tumultus: *gen. part.* zu minus **92** – 10 quadriennio: *abl. mens.* zu *ante* **70** – 23 animis: *dat. comm.* **78** – 29 vituperarentne: ind. Frage **117** – 31 quo: *abl. comp.* zu *iniquius* **55**; komplizierter Relativsatz **138** – 53, 55 roboris, floris: *gen. part.* **92** zu quid – 63 cum: *coni.* schon wegen der *ind. Rede* **129**, aber Sinn und Zusammenhang sind auch concess. oder adversativ **181** – 70–73, 75 nulla ... errore: *abl. instr.* **69** – 78–83 ducem... abisse: *a. c. i.* **125** – 86 futurum (ergänze: esse): rhetorische Frage **129** – 98 armatorum: *gen. part.* **92** – 101–102 toto exercitu: *abl. instr.* **69** – 107 praedae: *dat. fin.* **79** – 144 ingentis: **32** – 155–156 patre eodem: *abl. sep.* **53** oder *abl. instr.* **69** – 167, 169 Romano bello: *abl. instr.* **69** – 182, 186, 189, 190 celeritate... gentibus: *abl. caus.* **71** bei gloriari – 191 multo: *abl. mens.* bei magis **70** – 199 in (trotz locis!): *abl. loc.* **48** u. **52** – 205 quibus (ohne in!): *abl. loc.* **52** – 209 militum: *gen. part.* **92** – 210–212 fame et frigore: *abl. instr.* **69**

Erstübersetzung

In Rom war nicht weniger Schrecken und Durcheinander als 4 Jahre vorher, da das punische Lager den römischen Mauern und Toren gegenüber gelegen hatte. Und es stand für die Gemüter nicht hinreichend fest, ob sie den kühnen Marsch des Konsuls loben oder tadeln sollten; es war offensichtlich, daß er seinen Ruf aufgrund des Ausgangs haben werde – nichts ist ungerechter als das! –; das Lager sei nahe dem Feind Hannibal zurückgelassen ohne Führer mit einem Heer, dem alles abgezogen sei, was an Kerntruppen, was an Blüte (da) gewesen sei; und der Konsul habe den Marsch ins Gebiet der Lukaner vorgezeigt, während er Picenum und Gallien zustrebe, das Lager zurücklassend durch keine andere Sache geschützt als durch den Irrtum des Feindes, der nicht wisse, daß der Führer und ein Teil des Heeres weggegangen sei; was werde geschehen, wenn das offenkundig werde und Hannibal entweder den mit 6000 Bewaffneten aufgebrochenen Nero mit seinem ganzen Heer verfolgen wolle oder das Lager angreifen, das zur Beute zurückgelassen sei ohne Kräfte, ohne Oberbefehl, ohne Vogelschau? Die alten Niederlagen dieses Kriegs, zwei im letzten Jahr erschlagene Konsuln schreckten; und das alles sei geschehen, als ein Feldherr, ein Heer der Feinde in Italien gewesen sei: jetzt seien zwei punische Kriege entstanden, 2 riesige Heere, beinahe 2 Hannibale seien in Italien. Es sei ja auch Hasdrubal vom selben Vater Hamilkar gezeugt, ein gleich unverdrossener Feldherr, durch so viele Jahre in Spanien im römischen Krieg geübt, gekennzeichnet durch einen Doppelsieg, bei 2 mit ihren hochberühmten Feldherrn vernichteten Heeren. Denn er könne sich freilich der Schnelligkeit des Marsches aus Spanien und der zu den Waffen aufgestachelten gallischen Völker viel mehr rühmen als Hannibal selber; habe dieser ja in den Örtlichkeiten ein Heer zusammengebracht, an denen jener den größten Teil der Soldaten durch Hunger und Kälte, welche die elendesten Todesarten seien, verloren habe.

Endübersetzung

In Rom herrschte nicht weniger Schrecken und Verwirrung als 4 Jahre vorher, da das punische Lager vor den Mauern und Toren Roms gelegen hatte. Die Stimmung schwankte, ob man den kühnen Marsch des Konsuls loben oder tadeln solle; es war klar, daß das Urteil sich nach dem Erfolg richten würde – und nichts ist ungerechter als das. Bei einem Feind wie Hannibal bleibe ein Lager zurück ohne Führer, mit einem Heer, dem die ganze Schlagkraft entzogen sei; der Konsul habe einen Marsch nach Lukanien vorgeschützt, während er doch Picenum und Gallien zustrebe, und lasse ein Lager zurück, dessen einziger Schutz der Irrtum des Feindes sei, der nicht wisse, daß der Führer und ein Teil des Heeres abgerückt seien. Was werde geschehen, wenn das ruchbar werde und Hannibal mit ganzer Kriegsmacht entweder den mit 6000 Bewaffneten aufgebrochenen Nero verfolgen oder das Lager angreifen wolle, das sozusagen als (leichte) Beute zurückgeblieben sei, ohne (ausreichende) Truppenmacht, ohne (autorisierte) Führung, ohne Vogelschau? Die alten Niederlagen dieses Krieges, die zwei im letzten Jahr gefallenen Konsuln tauchten als Schreckgespenst auf. Und das alles sei geschehen, als ein feindlicher Feldherr, ein feindliches Heer in Italien gestanden habe; nun gebe es zwei punische Kriegsschauplätze, zwei riesige Heere, beinahe zwei Hannibale in Italien. Sei doch Hasdrubal vom selben Vater Hamilkar gezeugt, ein ebenso unermüdlicher Führer, in soviel Jahren auf dem spanischen Kriegsschauplatz im Krieg mit den Römern geübt, bekannt durch den Doppelsieg, die Vernichtung von zwei Heeren und zwei hochberühmten Feldherren. Schnell aus Spanien anmarschiert zu sein und die gallischen Stämme zum Krieg aufgewiegelt zu haben, könne er sich noch weit mehr rühmen als Hannibal selbst; habe er doch in den Gegenden, wo jener einen ziemlich großen Teil seiner Soldaten durch Hunger und Frost – die elendesten Todesarten – verloren habe, ein Heer zusammengebracht.

Text 14
Stimmung in Rom: Hannibal ist nach Afrika abgefahren (Liv. XXX, 28, 1–7)

Wörter

7–8 in dies: von Tag zu Tag – 13 constare: **179** – 29 vacuus: leer – 38 quod: **219** – 39 incolumis, -e: unversehrt – 45 nimirum (sonst: kein Wunder) hier: natürlich – 51 dimicatio, -ionis f.: *nom. actionis* von *dimicare* **155** – 52 vates, -is m.: Seher, Sänger (idg. verwandt mit *Wotan*) – 54 nuper: neulich – 55 decedere: **174** – 60 cano, cecini, canere: singen, auch weissagen, künden – 78 inconditus: ungeordnet (eigtl. ungefügt, sonst: unbegründet) – 79 barbaria, ergänze: *terra* Barbarenland – 83 semilixa, -ae m.: halber Marketender – 99 tumultuarius: was nicht ordnungsgemäß geschieht, im Durcheinander, hier: improvisiert, zusammengewürfelt – 103 semermis: halbbewaffnet – 110 prope: *adv.* **63** – 113 praetorium, -ii n.: Feldherrnzelt (von: *praetor, praeitor* der *vorn* geht) – 117 alo, alui, alitum, alere: ernähren, aufziehen (davon auch: *altus* hoch) – 138 fretum, -i n.: Meerbusen (nicht von *fretus*, vertrauend; gemeint Busen von Tarent) – 145 aequalis: gleich alt – 146 stipendium -ii, n.: Dienstjahr (eigtl. Lohn) – 148 durare: härten, auch aushalten (= hart sein) – 154 fides, -ei f.: Treu und Glauben, hier Glaubwürdigkeit (finanztechnisch: *Kredit*) – 159 miliens = milies: tausendmal – 160 cruor, -oris m.: (festgetrocknetes) Blut (Gegensatz: *sanguis* fließendes Blut) – 162 exuviae, -arum f.: Beuterüstung (von *exuere* ausziehen) –

165 tantum: **224** – 187 pervagari: durchschweifen – 197 fascis, -is m.: Rutenbündel (des Liktors; Merkwort: Faschismus) – 203 ex: als Ergebnis von, aufgrund von

Grammatik

17 *ind. Frage* **115** – 18 gaudio: *abl.* bei dignus **134** – 21 ff. Hannibalem ... relíquisse: *a. c. i.* **125** – 39–40 incolumi exercitu: *abl. abs.* **75** – 130 vincendo: *abl. modi* **74**; *gerundium* **25** – 151 patientia, ae f.: im *abl. instr.* **69** – 155 fiat (nach quas): *coni.* vgl. **129** – 183, 184, 186 muralibus vallaribusque coronis: *abl. instr.* **69**

Erstübersetzung

Inzwischen wuchs gleichzeitig die Hoffnung und die Sorge von Tag zu Tag, und es konnte bei den Herzen nicht genügend feststehen, ob es der Freude würdiger sei, daß Hannibal nach dem 16. Jahr aus Italien weggehend seinen freien Besitz dem römischen Volk zurückgelassen habe, oder mehr zu fürchten, weil er bei unversehrtem Heer nach Afrika hinübergegangen sei: der Ort freilich, nicht die Gefahr sei geändert; der Weissager dieses so großen Kampfes, der neulich gestorben sei, Q. Fabius, sei nicht umsonst gewohnt gewesen zu verkünden, daß Hannibal in seinem Land ein schwierigerer Feind sein werde, als er im fremden gewesen sei. Und Scipio werde es nicht entweder mit Syphax zu tun haben, dem König eines ungeordneten Barbarenlandes, dem Sartorius, ein halber Marketender, die Heere zu führen gepflegt habe, oder mit seinem Schwiegervater Hasdrubal, einem überaus fluchtbereiten (oft geschlagenen) Feldherrn, oder mit zusammengewürfelten Heeren, aus der halbbewaffneten ländlichen Bevölkerung zusammengelesen, sondern mit Hannibal, der beinah im Feldherrnzelt seines Vaters, eines äußerst tapferen Feldherrn, geboren sei, aufgewachsen und erzogen unter Waffen, als Knabe einst schon Soldat, kaum erwachsen als Feldherr, der, alter Mann geworden, beim Siegen Spanien, Gallien und Italien von den Alpen bis zum Meerbusen mit Denkmälern (Denkstätten) ungeheurer Dinge angefüllt habe. Er führe ein Heer, seinen Dienstjahren gleich, gehärtet durch die Erduldung aller Dinge – es werde kaum glaubwürdig, daß Menschen diese erduldet hätten –, übergossen tausendfach mit römischem Blut, mit sich tragend nicht nur Beuterüstungen von Soldaten, sondern auch von Feldherren. Viele würden dem Scipio in der Schlachtreihe begegnen, die römische Feldherren, die römische Konsuln mit eigener Hand niedergehauen hätten, ausgezeichnet mit Mauer- und Wallkronen, die durch eroberte römische Lager, eroberte römische Städte geschweift seien. Es gebe heute nicht soviele Rutenbündel für Beamte des römischen Volkes, wieviel Hannibal, erbeutet nach dem Niedermetzeln von Feldherren, vor sich hertragen lassen könne.

Endübersetzung

Inzwischen stiegen Hoffnung und Sorge von Tag zu Tag, und man schwankte in der Stimmung, ob es mehr Anlaß zur Freude sei, daß Hannibal nach 16 Jahren von Italien abziehe und dem römischen Volk seinen Besitz unbestritten überlasse, oder ob man mehr zu fürchten habe, weil er mit einem ungeschlagenen Heer nach Afrika übergesetzt sei: Der Schauplatz freilich, nicht die Gefahr habe sich geändert; der Prophet dieses großen Kampfes, der kürzlich verstorbene Q. Fabius, habe nicht umsonst immer wieder verkündet, Hannibal werde im eigenen Land ein schwierigerer Gegner sein, als er im fremden gewesen sei. Und Scipio werde es weder mit Syphax, dem König eines Barbarenlandes ohne feste Ordnung, dem ein Sartorius, ein besserer Marketender, gewöhnlich seine Heere geführt habe, noch mit seinem Schwiegervater Hasdrubal, dem oft geschlagenen Feldherrn, oder mit zusammengewürfelten Heeren, die man aus halbbewaffneter Landbevölkerung zusammengekratzt habe, sondern mit einem Hannibal zu tun haben, der fast im Lagerquartier seines Vaters geboren, unter Waffen aufgewachsen und erzogen worden sei, als Knabe schon Soldat, kaum erwachsen Feldherr, der, älter geworden unter Siegen, Spanien, Gallien und Italien von den Alpen bis zum Meerbusen mit Denkstätten seiner Heldentaten überzogen habe. Er führe ein Heer, im Dienst alt geworden wie er selber, abgehärtet in Strapazen, deren Überstehen kaum glaublich gemacht werden könne, das, tausendfach mit römischem Blut befleckt, nicht nur die Rüstungen von Soldaten, sondern auch von Feldherren trage. Viele würden im Kampf mit Scipio zusammenstoßen, die römische Feldherren, ja Konsuln eigenhändig erschlagen hätten, die ausgezeichnet seien mit Mauer- und Wallkronen, die eroberte römische Lager, römische Städte durchzogen hätten. Es gebe heute nicht so viele Rutenbündel in Rom für die Beamten des römischen Volkes, wie Hannibal nach dem Kriegstod von Feldherren (erbeutet habe und) vor sich hertragen lassen könne.

Text 15
Cäsar und die Wiederherstellung der Republik
(Cic. Pro Marc. 8, 23–27)

Wörter

3 excitare: *intens.* zu *ciere* **152** wecken, hier etwa: wiedererwecken – 9 iacēre: liegen, nicht, iacĕre werfen – 15 necesse **206** – 17 percello, -culi, culsum, cellere: erschüttern, zu Boden werfen – 19 prosterno, -stravi, -stratum, -sternere: (vorne) hinbreiten (Merkwort: *strata* die gepflasterte *Straße*) – 21 iudicium, -ii n.: Urteilsprechung a) Gericht, b) Prozeß, c) Urteilspruch – 26 propagare: verbreiten (Merkwort: Propaganda) – 27 suboles, -is f.: Nachwuchs (von *alere* nähren, aufziehen) – 30 dilabor, -lapsus sum, dilabi: auseinandergleiten (-fallen) – 32 diffluo, -fluxi, -fluere: auseinanderfließen – 33 severus: streng – 35 vincire: binden **233** – 39 recusare: zurückweisen (hier etwa: vermeiden) – 46 ardor, -oris m.: Glut – 50 quassare: erschüttern, *intens.* zu *quatere* **152** – 55 eventus, -us m.: Ausgang, Resultat (dann: Ereignis) – 63 praesidium, -ii n.: Schutz **223** – 64 stabilitas, -tatis f.: Standfestigkeit (von *stabilis* und *stare*) – 67 uterque: jeder von beiden **41** – 73 togatus (Gegensatz zu *armatus*) Zivilist – 88 mederi: heilen bei *dat. comm.* **78** – 97 vox, -cis f.: Stimme, auch Wort, Ausspruch – 102 vel-vel: hier besonders deutlich, daß keins das andere ausschließt wie *aut-aut* – 113 addo, addidi, additum, addere: zufügen (addieren) – 124 parum: zu wenig (von *parvus*) – 133 contemno, -tempsi, -temptum, -temnere: verachten – 135 prudentia, -ae f.: Klugheit, Weisheit (zu *prudens*, alte Form von *providens*) – 150 nimis: allzu (sehr) – 151 crebro: adv. häufig (alter *Abl.* **36**) – 156 vivere: leben **233** – 161 audire: hören, auch: Gehör schenken, hinnehmen – 182 complector, -plexus sum, -plecti: umfassen (zu *plectere* flechten) – 187 perfectio, -ionis f.: Vollendung *(nom. act.)* **155** – 189 opus, operis n.: Werk, Arbeit **202** – 191 fundamentum, -i n.: Grund(lage) zu *fundare* (von *fundus* Grund und Boden); *fundamentum iacere* Grund legen zu – 194 cogitare: denken, ersinnen – 206 aequitas, -tatis f.: Gleichheit, Gerechtigkeit, auch Ausgeglichenheit – 208 definire: begrenzen, bestimmen, festsetzen (zu *Definition*) – 220 begierig (zu *avere* begehren, *avaritia* Habsucht) – 221 quamvis: **216** – 226 parum s. Wort 124 – 227 inquam: ich sage (unvollst. Verb); inquies: du wirst sagen – 233 quamvis s. Wort 221 – 239 quicquid: **42** – 243 amplus: weit, bedeutend – 260 exitus, -us m.: Ausgang, Ende – 264 devincere: ganz besiegen **233** – 277 quaeso (alte Form v. quaero): bitte – 294 pervagari: umherschweifen – 318 actus, -us m.: **157** – 321 elaborare: sich ganz Mühe geben (ganz ausarbeiten)

Grammatik

7 uni: *dat.* **34** – 8 quae iacere: *a. c. i.* im Relativsatz **138** – 20, 22, 24, 26 constituenda usw.: *gerundivum* **23** – 53 quicumque: **42** – 71 quae ... fieri: *a. c. i.* im Relativsatz **138** – 103, 105 naturae, gloriae: *dat. comm.* **78** – 113 addam: *fut. I* oder *pot. der Gegenwart* **109** – 125 qua re: *abl. caus.* **71** – 133 contemnenda: *gerundivum* **23** – 136 noli esse: sei nicht *(prohibitiv)* **112** – 137–138 nostro periculo: *abl. abs.* **75** oder *abl. modi* **74** – 146 auris: *acc.* **32** – 170 soli: *dat.* **34** – 195 ieceris: *coni. consec.* nach *tantum ... ut* **124** – 202, 206 salute, aequitate: *abl. instr.* **69** (neigt zu *abl. mens.* **70**) – 213 gloriae: *dat. comm.* **78** – 264–265 devictis adversariis: *abl. abs.* **75** (*dat.* unmöglich, weil Cäsar den Staat auch seinen Freunden hinterläßt!) – 282 admirationis, 287 gloriae: *gen. part.* zu plus **92**

Erstübersetzung

Alles mußt du allein, C. Cäsar, erwecken, von dem du spürst, daß es am Boden liegt, niedergeschmettert und hingebreitet durch den Ansturm des Krieges selbst, was unvermeidlich war: Gerichte müssen eingerichtet, Treu und Glauben wiedergerufen, Willkür unterdrückt, Nachwuchs vermehrt werden, alles, was hingeglitten schon auseinandergeflossen ist, muß mit strengen Gesetzen gebunden werden. Es war nicht zu vermeiden bei einem so großen Bürgerkrieg, solcher Glut der Herzen und Waffen, daß der erschütterte Staat, welches auch immer der Ausgang des Kriegs gewesen wäre, viele Auszeichnungen der Würde und Schutzmittel seiner Festigkeit zugrunde richtete und beide Führer, bewaffnet, taten, was sie als Zivilisten verhindert hätten (daß es geschehe). All diese Kriegswunden freilich mußt du nun heilen, die außer dir niemand heilen kann. Deshalb habe ich jenen deinen großartigsten und weisesten Ausspruch ungern gehört: „Ich habe lange genug gelebt für die Natur wie für den Ruhm.“ Genug, wenn du so willst, für die Natur; ich möchte hinzufügen, wenn es gefällt, für den Ruhm: aber, was das größte ist, für das Vaterland sicher zu wenig. Deshalb laß fahren, ich bitte dich, diese Gelehrtenweisheit der Todesverachtung: wolle nicht weise sein bei unserer Gefahr (wobei wir in Gefahr sind). Oft nämlich kam zu meinen Ohren, daß du eben das allzu häufig sagst, du habest für dich genug gelebt. Ich glaube das; aber ich würde das dann (an)hören, wenn du für dich allein leben würdest oder für dich allein geboren wärest. Deine Taten haben das Heil aller Bürger und den ganzen Staat betroffen; so weit bist du entfernt von der Vollendung der größten Werke, daß du noch nicht die Grundlagen, die du denkst, gelegt hast. Begrenzest du hier das Maß deines Lebens nicht durch das Heil des öffentlichen Wohls, sondern durch die Ausgeglichenheit deines Geistes? Was, wenn das nicht einmal für den Ruhm genügend ist? Daß du auf diesen sehr begierig bist, wirst du nicht leugnen, auch wenn du noch so weise bist. Du wirst sagen: Hinterlassen wir zu wenig Großes? Im Gegenteil, für so viele du willst ausreichend(es), für dich aber allein zu wenig. Was es auch ist, sei es noch so bedeutend, das ist zu wenig dann, wenn es etwas Bedeutenderes gibt. Was das betrifft, wenn dies das Ende deiner unsterblichen Taten gewesen sein wird, C. Cäsar, daß du bei ganz besiegten Gegnern den Staat in dem Zustand hinterläßt, in dem er jetzt ist, so sieh zu, bitte, daß deine göttliche Mannhaftigkeit mehr Bewunderung als Ruhm haben wird; wenn nämlich Ruhm ist der hell leuchtende und verbreitete Ruf großer Verdienste gegenüber den eigenen Mitbürgern oder dem Vaterland oder dem ganzen Menschengeschlecht. Dieser Teil ist dir noch übrig; dieses Handeln steht noch aus, daran muß noch gearbeitet werden, daß du das politische Leben wiederherstellst.

Endübersetzung

Du mußt allein alles wiederwecken, C. Cäsar, was, wie du fühlst, darniederliegt, am Boden niedergeschmettert unmittelbar vom Anprall des Kriegs: Gerichte müssen eingesetzt, Treu und Glauben wiederbelebt, Willkürakte zurückgedrängt, der Nachwuchs gefördert werden; alles, was sich gelockert hat und zerronnen ist, muß durch strenge Gesetze wieder zu Bindungen werden. Es war bei dem Umfang des Bürgerkriegs, bei der Überhitzung der Herzen im Kampf unvermeidlich, daß die Erschütterung des Staats – mochte der Krieg ausgehen, wie er wollte – viele Symbole seiner Hoheit und Schutzeinrichtungen für seine Festigkeit zugrunde gehen ließ und beide Führer im Krieg taten, was sie im Frieden verhindert hätten. All diese Wunden mußt du heilen; niemand kann das außer dir. Deshalb habe ich jenen großartigen und weisen Ausspruch von dir nur mit Betroffenheit vernommen: „Ich habe lange genug gelebt, für meine Natur wie für meinen Ruhm." Genug vielleicht, wenn du so willst, für deine Natur; ich will auch zufügen, wenn es dir recht ist, für deinen Ruhm; aber, was das wichtigste ist, für das Vaterland sicher zu wenig. Deshalb laß fahren, bitte, diese Philosophenweisheit von der Todesverachtung: Sei nicht Philosoph auf unsere Gefahr hin! Oft kam mir zu Ohren, du sagest das allzu häufig, du habest genug gelebt. Ich glaube dir; aber ich würde es dann hinnehmen, wenn du für dich allein leben würdest oder für dich allein geboren wärest. Deine Taten haben das Wohl aller Bürger und das ganze öffentliche Leben betroffen: Von der Vollendung der großartigsten Werke bist du so weit entfernt, daß du noch nicht die Fundamente gelegt hast, die du im Sinne hast. Nun willst du das Maß deines Lebens nicht am Wohl des Staates, sondern an der Ausgeglichenheit deiner Seele messen? Was, wenn das nicht einmal für den Ruhm genügt? Du wirst nicht leugnen, daß du, so weise du sein magst, auf ihn größten Wert legst. Du wirst entgegnen: „Werden wir zu wenig hinterlassen?" Nun, für noch so viele mag es genug sein, für dich zu wenig. Alles, so groß es sein mag, wird dann zu wenig, wenn es etwas Größeres gibt. Wenn das das Ende deiner unsterblichen Taten sein soll, C. Cäsar, daß du nach Erledigung deiner Gegner das öffentliche Leben in dem Zustand zurückläßt, in dem es jetzt ist, so sieh bitte zu, daß dir deine große Persönlichkeit nicht mehr Bewunderung als Ruhm bringt; wenn wir nämlich unter Ruhm verstehen wollen den leuchtenden und weit verbreiteten Ruf großer Verdienste um Mitbürger, Vaterland oder das ganze Menschengeschlecht. Dieser Teil liegt noch vor dir; diese Arbeit steht noch aus, das mußt du noch zu Ende führen: die Herstellung des politischen Lebens.

Text 16
Clodius-Unruhen in Rom (Cic. ad Att. IV, III, 2–3)

Wörter

3 Datumsangabe s. Schulgrammatik – 8 expello, -pulsi, -pulsum, -pellere: austreiben (Merkwörter: *Propeller,* Vortreiber, *Puls* der Trieb des Bluts) – 10 faber, -bri m.: Handwerker (Merkwort: *Fabrik*) – 12 area, -ae f.: Fläche, auch Bauplatz (zu *aridus,* von *arere* trocken sein; Merkwort: *Areal*) – 13 noster = meus *(„pluralis maiestaticus")* – 19 coniectus, -us m.: Wurf (*nom. r. act.* zu conicere) **157** – 26 iussus, -us m.: Befehl *(nom. r. act.)* zu iubere **157** – 33 querela, -ae f.: Klage **213** – 38 boni, -orum m.: Spiel mit 2 Bedeutungen a) Optimaten b) die Guten – 40 nescio an: vielleicht (formelhaft) **205** – 45 plane: gradhin, schlechthin (adv. zu *planus* eben) – 49 demens: wahnsinnig, von Sinnen – 50 ruere: eigtl. stürzen, rennen (hin und her) – 53 vero: wahrhaftig (adv.) – 57 caedes, -is f.: Mord **172** – 59 cogitare, denken, sinnen auf – 60 vicatim: (adv.) gassenweise (von *vicus* Dorf, auch Stadtviertel) – 61 ambio, -ivi, -itum, -ire: herumlaufen, Leute angehen (um sie zu beeinflussen) – 63 apertus: offen **167** – 66 ostendere: zeigen (von obstendere entgegenstrecken) **226** – 73 manifestus: handfest, handgreiflich, hier spöttisch: das Anliegen des Clodius war so fadenscheinig, daß man es mit Händen greifen konnte – 79 infitiari: leugnen (von *fateri* bekennen) – 83 derivare: ableiten (von *riva* Bach) – 87 iure: gemeint ist wohl Ciceros Verbannung, immerhin ein gesetzlicher Vorgang – 94 rapina, -ae f.: Räuberei – 95 desertus: verlassen von *desero* **222** – 106 palam: öffentlich – 113 adhuc: bisher (schon) – 116 iudicium, -ii n.: Rechtsprechung a) Gericht b) Prozeß c) Urteilspruch – 120 Datumsangabe s. Schulgrammatik – 125 Sacra via: die Heilige Straße (Triumphstraße) führte bergab durchs Forum bis zum Fuß des Kapitols – 128 insequor, -secutus sum, insequi: verstärktes *sequi* folgen – 135 fustis, -is m.: Knüttel – 140 discedere: **174** – 142 vestibulum, -i n.: Vorplatz, Hof (nicht zu *vestis*, sondern zu *stabulum*

Standort: Hof eines Gasthauses, wo ausgespannt wird) – 149 opera, -ae m.: Handlanger – 153 occido, -cidi, -cisum, cidere: niederhauen (zu *caedere*, Verwechslungsgefahr! *occidere* zu *cadere* niederstürzen) – 157 diaeta, -ae f.: Diät (griech.) – 158 curare: hier medizinisch: zu heilen versuchen – 160 chirurgia, -ae f.: Chirurgie (griech.). Sinn: Cicero zieht politische Mittel der Gewalttat vor – 161 taedet me: es ekelt mich mit *gen, obi.* – 169 iudicium s. Wort 116–172 supplicium, -ii n.: Todesstrafe vgl. **211** – 173 praesens: gegenwärtig, augenblicklich – 174 trudo, trusi, trusum, trudere: stoßen – 177 Catilinae: Leute wie Katilina – 178 Acidinus: Beiname in der *gens Manlia*, für Tugend offenbar sprichwörtlich – 180 reddere: zurückgeben, aber auch: machen zu (mit *dopp. acc.*). Sinn: ließ alle Katilinas wie Acidiner aussehen, indem er den katil. Frevel weit übertraf – 188 Cermalus: ein Vorsprung des palatin. Hügels (eine Zweitwohnung vgl. Wort 225) – 189 Datum s. Schulgrammatik – 199 palam: s. Wort 106 – 200/201 hora quinta: die 1. ist von 6–7 morgens – 205 educere: sonst gladium stringere – 209 accendere: anzünden **161** – 210 fax, facis f.: Fackel – 216 pro: anstelle, als **58** – 221 impugnatio, sonst: oppugnatio – 225 Anniana: das altererbte Haus des Milo, der ja T. Annius Milo heißt – 233 occidit s. Wort 153–237 latrocinium, -ii n.: Räuberei, auch Räuberbande – 247 aedes, -ium f.: Haus (= Gemächer) **163** – 249 exin = exinde = deinde – 258 acer s. Wort 232

Grammatik

1–2 armatis hominibus: *abl. instr.* **69** – 17 primo: *adv.* wegen folgendem *deinde* nicht zu coniectu! – 19 coniectu: *abl. instr.* **69** – 27 Clodi = Clodii **30** – 28–29 inspectante urbe: *abl. abs.* **75** – 30–31 coniectis ignibus: *abl. instr.* **69** – 32–35 magna querela et gemitu: *abl. modi* **74** – 50, 59, 61, 66 ruere, cogitare, ambire, ostendere: *inf. hist.* **106** – 103 omnis: **32** – 107 occiderit: *fut. II* (zu futuram) oder *coni. perf.,* weil vom a.c.i. abhängig **121** – 108 nihilo: *abl. mens.* **70** – 114 sit: *coni.* in von *a.c.i.* abhängigem Satz **121** – 124 cum *hist.* **181** – 150 aditu: *abl. sep.* zu prohibere (fernhalten) **53** – 154 potuit nach **103**, da Clodius ja nicht umgebracht wird – 176 omnis: s. Wort 103 – 200–201 hora quinta: *abl. temp.* **54** – 205–206 eductis gladiis: wohl hier als Fortführung von *cum,* nicht als *abl. abs.,* weil *cum accensis facibus* folgt – 241 zu ergänzen: *occidere* – 248 ergänze: *recepit* – 253 domi: *loc.* **52** ergänze: *se tenuit* – 256 ergänze: *sententiam dixit* – 258 ergänze: *fuerunt*

Ciceros Haus, während seines Exils zerstört, darf auf Staatskosten nach seiner Rückkehr wiederaufgebaut werden. Sein Feind Clodius sucht den Aufbau zu stören. (Lässiger Briefstil)

Erstübersetzung

Mit bewaffneten Menschen wurden am 3. Nov. die Handwerker von unserem Bauplatz vertrieben. Das Haus des Bruders Quintus wurde zuerst durch Steinwurf von unserem Baugelände aus gebrochen, dann angezündet auf Befehl des Clodius – wobei die Stadt zuschaute – mit geworfenen Feuerbränden unter großem Jammern und Seufzen – ich will nicht sagen der Guten, die vielleicht keine sein mögen, sondern einfach aller Menschen. Jener rannte von Sinnen herum, dachte nach dieser Raserei wahrhaftig an nichts als den Mord an seinen Feinden, lief gassenweise herum, zeigte den Sklaven offen die Hoffnung auf Freiheit. Jener hatte nämlich vorher einen zwar schwierigen und recht offen durchschaubaren Rechtsstandpunkt: Er konnte leugnen, auf andere abschieben, auch etwas nach Recht und Gesetz Geschehenes verteidigen; nach diesen Trümmern, Bränden, Räubereien ist er verlassen von den Seinen. Er benutzt den Rat von Sklaven, sieht, daß, wenn er alle, die er will, offen getötet hat, seine Sache um nichts schwieriger vor Gericht stehen wird, als sie es bisher schon ist. Und so folgte er mir mit seinen Leuten, als ich am 11. Nov. auf der Via Sacra hinabging. Geschrei, Steine, Knüttel, Schwerter, das alles unvorhergesehen. Wir wichen aus in den Hof des Tettus Damio. Die mit mir waren, hielten die Helfershelfer leicht vom Zugang ab. Er selbst konnte getötet werden, aber ich beginne mit Diät zu heilen; Chirurgie ekelt mich an. Als jener sah, daß er mit den Stimmen aller nicht zum Gericht, sondern sofortiger Hinrichtung gestoßen werde, machte er alle Katilinas zu Acidinern. Denn er versuchte das Haus Milos, das, welches auf dem Cermalus ist, am 12. Nov. zu erobern und anzuzünden so, daß er offen um die 5. Stunde Leute mit Schilden, gezogenen Schwertern, andere mit entzündeten Fackeln heranführte. Er selbst hatte sich das Haus des P. Sulla als Lager für diese Belagerung genommen. Dann führte Qu. Flaccus aus dem Annianischen Haus des Milo entschlossene Männer heran; er tötete die bekanntesten aus der ganzen Clodianischen Räuberbande, ihn selbst wollte er, aber jener – ab ins Innere des Sullanischen Hauses! Dann der Senat am 14. Nov. Clodius zuhause. Hervorragend Marcellinus, alle scharf ...

Endübersetzung

Mit bewaffneter Hand wurden am 3. Nov. die Arbeiter von unserer Baustelle vertrieben. Das Haus meines Bruders Quintus wurde zuerst durch Steinwurf von meinem Bauplatz aus schwer beschädigt, dann auf Befehl des Clodius mit Feuerbränden beworfen und in Brand gesteckt, im Angesicht der ganzen Stadt. Es klagten und seufzten – ich will nicht sagen – die anständigen Leute, die vielleicht gar nicht so anständig sind, sondern einfach alle Welt. Jener treibt um, völlig von Sinnen, hetzt gassenweise auf, sinnt nach dieser Wahnsinnstat nur auf Mord an seinen Feinden, läßt ganz offen die Sklaven auf Freiheit hoffen. Vorher hatte er ja noch eine zwar unsichere und fadenscheinige Rechtsposition, aber immerhin: Er hatte eine, konnte leugnen, auf andere abwälzen, sogar einen gesetzlichen Vorgang verteidigen; nach dieser Verwüstung, Brandstifterei und Räuberei distanzieren sich seine Parteigenossen ... Er hört auf Sklaven, sieht, daß seine Sache vor Gericht um nichts mehr schlechter werden kann, wenn er alle, die er will, zuvor offen umgebracht hat. Und so folgte er mir, als ich am 11. Nov. die Via Sacra hinunterging, mit seinem Haufen. Geschrei, Steine, Knüttel, Schwerter, das alles aus heiterem Himmel. Wir wichen aus in den Vorhof des Tettus Damio. Meine Begleitung konnte seinen Helfershelfern leicht den Zugang sperren. Wir hätten ihn sogar töten können, aber ich beginne mit Diät zu heilen, Chirurgie ekelt mit an. Als jener nun sah, daß die allgemeine Stimmung für ihn nicht den Prozeß, sondern sofortige Lynchjustiz forderte, führte er sich so auf, daß Leute wie Katilina gegen ihn reine Tugendbolde schienen. Denn er versuchte das Haus Milos, das auf dem Cermalus, am 12. Nov. zu erobern und anzuzünden, und zwar in der Weise, daß er offen am hellen Mittag Leute mit Schilden, bloßen Schwertern, andere mit brennenden Fackeln heranführte. Er selbst hatte das Haus Sullas als Stützpunkt für diese Belagerung gewählt. Da führte aus dem Annianischen Haus des Milo Qu. Flaccus Draufgänger heran; er tötete die bekanntesten aus der Clodianischen Räuberbande, ihn selbst hätte er gern – aber jener: ab ins Innere des Hauses Sullas! Dann am 14. Nov. Senatssitzung. Clodius bleibt zuhause. Großartig Marcellinus, alle empört und entschlossen ...

Text 17
Tod des Clodius (Asconius 27–28)

Wörter

2 Lanuvium: Ortsname – 6 municipium, -ii n.: Landstadt (mit eigener Verwaltung, aber römischem Bürgerrecht) – 14 flamen, -inis m.: Priester (einer Einzelgottheit) – 15 prodo, -didi, -ditum, -dere: (wörtl.: vorgeben) herausgeben, verraten, hier *pro-* in der Bedeutung wie bei *producere, pronuntiare* öffentlich, also öffentlich geben, einsetzen – 22 nona hora: die 1. etwa 6–7 morgens – 25 ultra: jenseits (hier Präpos.) – 26 Bovillae, -arum f.: Ortsname – 29 Aricia, -ae f.: Ortsname – 37 sacellum, -i n.: Tempelchen (Verkleinerung von *sacrum*) – 41 alloquor, -locutus sum, alloqui: anreden – 42 decurio, -ionis m.: Stadtrat (militär.: *Korporal*) – 44 veho, vexi, vectum vehere: ziehen, schleppen; *vehor, vectus sum, vehi* (Dep.) sich befördern lassen, also reiten und fahren – 49 fere: ungefähr adv. – 50 expeditus: **210** – 57 cingo, cinxi, cinctum, cingere: umgürten (auch: umgeben) – 62 praeterea: **64** – 64 comes, mitis m.: **177** – 84 raeda, -ae f.: Reisewagen (4-rädrig) – 85 vehi: s. Wort 44 – 96 familiaris, e: vertraut (auch Substantiv) – 117 ultimus: äußerst, letzt (zu *ultra*), gebraucht wie *summus mons* **67** – 119 tardus: langsam (Merkwort: *ritardando*) – 125 rixa, -ae f.: Streit – 126 committere: beginnen **204** – 131 respicio, -spexi, -spectum, -spicere: zurückblicken, auch: berücksichtigen – 134 umerus, -i m.: Schulter – 137 rumpîa, -ae f.: Langschwert (griech.) – 138 traicio, -ieci, iectum, -icere: hinüberwerfen, übersetzen (über einen Fluß), hier durchbohren – 141 orior, ortus sum, oriri: entstehen (Verwechslungsgefahr! ordiri, orsus etwas anfangen) – 144 plures: mehr (Steigerung von multi) (Verwechslungsgefahr! complures mehrere) – 150 taberna, -ae f.: Schenke, kleiner Laden – 153 Bovillanus: ergänze *ager* Gelände – 154 deferre: hier verstärktes *ferre* – 170 occîdere, -cidi, -cisum, occidere: niederhauen, töten, von *caedere* – 173 solacium, -ii n.: Trost (*consolari* trösten) – 178 subire: auf sich nehmen (eigtl. darunter gehen) – 181 exturbare: ungeordnet (gewaltsam) heraustreiben – 185 antesignanus, -i m.: Vorkämpfer, Anführer (militär.: die 1. Reihe, die vor dem *signifer* steht) – 193 latere: verborgen sein (Merkwort: *latent*) – 194 extraho, -traxi, -tractum, -trahere: herausziehen (Merkwort: *Zahn-Extraktion*) – 198 conficere: (verstärktes *facere*) fertig machen, erledigen (Merkwort: *Konfektion*) – 199 cadaver, -is n.: Leichnam, Aas – 212 saucius: verwundet – 213 latere: s. Wort 193 – 218 forte: zufällig (*abl.* von *fors* Zufall) – 233 revertor, -verti, reverti: zurückkehren, eigtl. sich zurückwenden (auch *revertere*) – 224 tollo, sustuli, sublatum, tollere: (von unten heben) aufheben, hochnehmen – 226 lectica, -ae f.: Sänfte – 236 egredior, -gressus sum, -gredi: herkommen (eigtl. heraustreten von *gradior*) – 238 recipere (se): sich zurückziehen, ohne *se* **162** – 239 perfero, -tuli, -latum, -ferre: hinbringen (tragen bis durch) – 247 infimus: der unterste (zu *infra*) – 254 luctus, -us m.: Trauer (*nom.*

rei actae) **157** – 257 atrium, -ii n.: Atrium, Hauptraum des römischen Hauses, etwa Halle (von *ater* schwarz, weil dort ursprgl. der rußende Herd stand) – 261 augeo, auxi, auctum, augere: vermehren – 264 invidia, -ae f.: Neid, dann Haß, Erbitterung – 270 effundo, -fudi, -fusum, -fundere: ausgießen, hier: hemmungslos strömen lassen – 271 lamentatio, -ionis f.: Klage, *nom. act.* **155** von *lamentari* – 274 ostendere: eigtl. entgegenstrecken, zeigen **226**

Grammatik

2 Lanuvium: *acc. der Richtung* **48** u. **50** – 15 prodendum: *gerundivum* **23** – 16–17 postera die: *abl. temp.* **54** – 24 paulo: *abl. mens.* **70** – 46 equo: *abl. instr.* **69** – 52–53 illo tempore: *abl. temp.* **54** – 56 gladiis: *abl. soc.* **68** und *abl. instr.* **69** – 74–75 duo de: gebildet wie *unus ex* – 133 minitabundus: zu *minari* – drohen **26** – 157 ut = ut primum: sobald **229** – 159–160 vulneratum Clodium: *a.c.i.* ergänze: *esse*; nicht part. coni., weil sie sich im Vorbeireiten sicher erkannt hatten – 161 cum *causale* **181** – 167 vivo eo: *abl. abs.* **75**; Fortsetzung 170 *occiso* – 181 exturbari: *a. c. i.* **128**, ergänze: *eum* – 228 Romam: *acc. der Richtung* **48** und **50** – 233 eodem: **45** (ebd. 234 *unde*) – 253–254 magno luctu: *abl. modi* **74** – 263 facti: *gen. obi.* **87** – 266 Clodi = Clodii **30**

Erstübersetzung

Milo brach nach Lanuvium, einer Landstadt, aus der er stammte und in der er damals Diktator war, auf, um am folgenden Tag einen Priester einzusetzen. Es begegnete ihm um die 9. Stunde Clodius, ein wenig jenseits Bovillae, zurückkehrend von Aricia, nahe dem Ort, wo das Tempelchen der Bona Dea steht; er hatte aber die Stadträte der Ariciner angesprochen. Clodius ritt zu Pferd, etwa dreißig kampfbereite Sklaven folgten, wie es in jener Zeit Sitte war, mit Schwertern umgürtet. Es waren mit Clodius außerdem drei seiner Begleiter, von denen einer ein römischer Ritter war, C. Causinius Schola, und zwei bekannte Leute aus der Plebs, P. Pomponius, C. Clodius. Milo fuhr auf einem Wagen mit seiner Frau Fausta, Tochter des Diktators Sulla, und M. Fufius, seinem Vertrauten. Es folgte ihnen ein großer Zug von Sklaven, unter denen auch Gladiatoren waren, unter welchen zwei bekannte waren, Eudamus und Birria. Diese, ganz hinten im Zug ziemlich langsam marschierend, begannen einen Streit mit Sklaven des Clodius. Als Clodius zu diesem Lärm drohend zurückblickte, durchbohrte Birria seine Schulter mit einem Langschwert. Als daraus eine Schlacht entstand, liefen mehr Milonianer herbei. Der verwundete Clodius wurde in eine nahe Wirtschaft auf bovillanischem Boden getragen. Sobald Milo erfuhr, daß Clodius verwundet sei, und da er einsah, daß das für ihn noch gefährlicher sei, wenn er lebe – wenn er tot sei, werde er wenigstens einen großen Trost haben, auch wenn er Strafe auf sich nehmen müsse –, befahl er, daß er aus der Wirtschaft herausgeschafft werde. Anführer seiner Sklaven war M. Saufeius. Und so wurde der versteckte Clodius herausgezogen und mit vielen Wunden erledigt. Seine Leiche, auf der Straße zurückgelassen, weil die Sklaven des Clodius entweder tot oder schwerverwundet versteckt waren, nahm Sex. Teidius, ein Senator, der zufällig vom Land in die Stadt zurückkehrte, auf und befahl, daß sie mit seiner Sänfte nach Rom gebracht werde; er selbst kehrte wieder ebendorthin zurück, von wo er ausgegangen war. Hingebracht wurde die Leiche des Clodius vor der ersten Nachtstunde, und eine sehr große Menge des untersten Volkes und von Sklaven umstand mit großer Trauer den im Atrium des Hauses hingelegten Leichnam. Es vermehrte aber die Erbitterung über die Tat die Gattin des Clodius, Fulvia, die mit hemmungsloser Klage seine Wunden zeigte.

Endübersetzung

Milo brach nach Lanuvium auf, einer Landstadt, aus der er stammte und wo er damals Diktator war, um am folgenden Tag einen Priester in sein Amt einzusetzen. Da begegnete ihm um die neunte Stunde Clodius ein wenig hinter Bovillae auf der Rückkehr von Aricia, nahe dem Punkt, wo das Tempelchen der Bona Dea steht; er hatte eine Ansprache an die Stadträte der Ariciner gehalten. Clodius war zu Pferd; etwa 30 Sklaven ohne Gepäck, mit Schwertern gerüstet, begleiteten ihn, wie damals üblich. Bei Clodius waren außerdem drei seiner Begleiter, ein römischer Ritter namens C. Causinius Schola und zwei bekannte Plebejer, P. Pomponius und C. Clodius. Milo fuhr auf einem Wagen mit seiner Frau Fausta, einer Tochter des Diktators Sulla, und mit M. Fufius, seinem Sekretär (?). Es folgte ihnen ein großes Aufgebot von Sklaven, in dem sich auch Gladiatoren befanden, darunter zwei bekannte, Eudamus und Birria. Diese gingen ganz hinten, etwas langsamer, und begannen Händel mit den Sklaven des Clodius. Als Clodius drohend nach dem Lärm hinten sah, durchbohrte Birria mit einem Schwert seine Schulter. Daraus entwickelte sich ein Handgemenge, und mehr Milonianer eilten herbei. Der verwundete Clodius wurde in die nächste Kneipe auf bov. Boden getragen. Als Milo hörte, daß Clodius verwundet sei, und begriff, daß das für ihn noch gefährlicher sei, wenn er am Leben bliebe; wenn er dagegen tot sei, bleibe ihm wenigstens dieser Trost, auch wenn er dafür büßen müsse; da ließ er ihn aus der Kneipe herausschaffen. Anführer seiner Sklaven war M. Saufeius. Und so wurde Clodius aus seinem Versteck gezerrt und mit vielen Wunden erledigt. Seine Leiche blieb auf der Straße liegen, weil die Sklaven des Clodius entweder tot waren oder sich schwerverwundet versteckt hielten. Der Senator Sex. Teidius, der zufällig vom Lande in die Stadt zurückkehrte, ließ sie aufnehmen und in seiner Sänfte nach Rom bringen; er selbst kehrte an seinen Ausgangspunkt zurück. Die Leiche des Clodius kam vor der ersten Stunde der Nacht an, und eine große Menge aus der untersten Volksschicht und aus Sklaven umstand mit großer Trauer die in der Halle des Hauses aufgebahrte Leiche. Die Erbitterung über das Geschehene vermehrte noch die Gattin des Clodius, Fulvia, die mit hemmungslosem Wehklagen auf seine Wunden wies.

Text 18
Ein Rechtsanwalt in fauler Sache (Cic. Verr. II, 2, 78, 192)

Wörter

6 avaritia, -ae f.: **169** – 7 crimen, -inis n.: Anklagepunkt **180** – 8 frugalitas, -tatis f.: Mäßigkeit (von *frugus* Frucht) – 10 deprecari: eigtl. durch Bitten abwenden – 13 flagitiosus: voll *flagitium*, Schandtat – 15 nequissimus: der Nichtsnutzigste von nequeo, -ivi, nequire nicht können – 22 nequitia, -ae f.: Nichtsnutzigkeit – 29 commemoratio, -ionis f.: Erwähnung **203** – 33 iners, -tis: ungeschickt, untüchtig (von *ars, artis f.*) – 34 ignavus: untätig, faul – 42 muliercula, -ae f.: Weibchen, hier weibischer Mann – 50 contumax: protzig, eigensinnig, angeberisch (von *tumere* geschwollen sein) – 58 quisquam: **40** – 61 acerbus: scharf, herb, unangenehm (von *acer* scharf) – 63 insidiosus: voller *insidiae,* Ränke, Hinterhalt, Hinterlist – 81 tantum: soviel **224** – 85 causa: Prozeß **173** – 91 impudentia, -ae f.: Schamlosigkeit – 93 pudor, -oris m.: Scham, Ehrgefühl – 95 amittere: verlieren **204**

Grammatik

4 faciat, 10 deprecetur, 30 traducat, 76 facerent, 87 accederent, 95 admitterent: *coni. pot.* **109** – 83 Hortensi: Vocativ wie fili von filius **31** – 90 alterius: (hier:) eines anderen, nicht des anderen **35**

Erstübersetzung

Nun also, was dürfte wohl Hortensius tun? Wird er wohl die Vorwürfe der Habsucht mit dem Lob der Mäßigung abzubitten suchen? Aber er verteidigt den schändlichsten, wollüstigsten und nichtsnutzigsten Menschen. Oder wird er vielleicht von dieser seiner Ruchlosigkeit und Nichtsnutzigkeit eure Gemüter auf ein anderes Gebiet hinüberführen durch die Erwähnung seiner Tapferkeit? Aber ein untauglicherer, faulerer Mensch – mehr ein Mann unter Frauen, ein unsauberes Weibstück unter

Männern – kann nicht vorgeführt werden. Aber sein Benehmen ist angenehm. Wer ist angeberischer, wer ungebildeter, wer hoffärtiger? Aber das doch ohne Schaden für jemand. Aber wer war jemals unangenehmer, hinterlistiger, grausamer? Bei diesem Menschen und in solcher Sache – was hätten Leute wie Crassus und Antonius getan? Soviel, glaube ich, Hortensius: Sie wären an den Prozeß nicht herangegangen und hätten nicht bei der Schamlosigkeit eines anderen den Ruf der eigenen Rechtlichkeit fahren lassen.

Endübersetzung

Nun also, was wird wohl Hortensius tun? Wird er wohl den Vorwurf der Habgier mit dem Lob der mäßigen Lebensführung wegwischen wollen? Aber er verteidigt ja einen ganz schändlichen, genußsüchtigen und nichtsnutzigen Menschen. Oder wird er euch wohl von seiner Ruchlosigkeit und Nichtsnutzigkeit auf ein anderes Gebiet abzulenken versuchen, indem er seine Tapferkeit erwähnt? Aber einen untüchtigeren und fauleren Menschen kann man nicht vorführen: höchstens ein Weiberheld, der unter Männern wie ein unsauberes Weibsbild wirkt. Aber sein Betragen ist angenehm. Wer gibt sich großartiger, ungebildeter, hochfahrender? Aber das doch ohne Schaden für irgend jemand. Aber wer hat sich jemals unangenehmer, hinterlistiger, grausamer aufgeführt? Was hätten Leute wie Crassus und Antonius bei einem solchen Menschen und solcher Prozeßlage getan? Soviel, glaube ich, Hortensius: Sie hätten die Finger von diesem Prozeß gelassen und nicht mit der Unverschämtheit eines anderen den Ruf ihrer eigenen Rechtlichkeit aufs Spiel gesetzt.

Text 19
Cicero beklagt sich über Brutalisierung (Cic. Phil. I, 5, 11–12)

Wörter

2 tandem: endlich, schließlich (Verwechslungsgefahr! tamen) – 7 hesternus: gestrig – 11 acerbus: herb u. ä. – 12 cogere: **176** – 19 frequens: zahlreich, häufig – 22 is, ea, id: **200** – 24 ago, egi, actum, agere: verhandeln, eigtl. treiben – 28 defero, -tuli, -latum, -ferre: herabtragen (die Kurie liegt im Tal!), auch: übertragen, hinterbringen etc. – 29 oportet: es gehört sich **206** – 52 memoria, -ae f.: das Gedächtnis, die Erinnerung, auch: die Zeit, die man sich noch denken kann **203** – 53 prodo, -didi, -ditum, prodere: (vorwärts geben) weitergeben, auch: verraten – 56 supplicatio, -ionis f.: Bitt- oder Dankgottesdienst **211** – 57 refero, rettuli, relatum, referre: zurücktragen,

berichten, auch: beziehen auf (Merkwort: *Relativum*) – 68 pignus, pignoris n.: Pfand, (bei Senatoren) Kaution, die bei Nichterscheinen verfällt – 75 gratia, -ae f.: Gunst, Sympathie (nicht Präposition, trotz des *gen. eorum*) – 104 languére: matt sein – 106 mihimet: verstärktes *mihi* – 107 displicére: mißfallen (zu *placere*) – 109 pro: entsprechend **58** – 110 amicitia, -ae f.: hier höchstens gute Bekanntschaft (die Senatoren waren trotz Parteiunterschieden gesellschaftlich, geschäftlich etc. durch manche Gefälligkeiten verbunden) – 120 faber, -bri m.: Handwerker (Merkwort: *Fabrik*) – 127 nimis: allzu(sehr) – 133 intemperanter: unbeherrscht (adv. zu *intemperans* von *temperare* mäßigen) – zu ergänzen etwa: *fecit* oder *dixit* – 145 ordo, -inis m.: Stand (die Senatoren sind gleichzeitig Institution und Stand) – 149 opera, -ae m.: Handlanger, Arbeiter, auch Tagelöhner – 150 disturbare: in Verwirrung bringen – 151 ff.: Ciceros Haus war auf Senatsbeschluß nach seiner Rückkehr aus der Verbannung auf öffentliche Kosten neu aufgebaut worden – 161 damnum, -i n.: Schaden (materiell und am Prestige) – 163 cogere senatum: den Senat einberufen – 167 ultra: (hier Präposition) darüber hinaus – 168 pignus s. Wort 68 – 170 multa, -ae f.: Geldstrafe – 171/172 quod si: **219** – 175 sententia, -ae f.: Meinung, (beim Senator) Stimmabgabe, Rede und Antrag – 178 remittere: nachlassen zu **204** – 180 profecto: tatsächlich (aus: pro facto) – 182 severitas, -tis f.: Strenge (zu severus).

Grammatik

4 causae: *gen. part.* **92** zu quid – 6 die hesterno: *abl. temp.* **54** – 13, 15 ne – an: *direkte Frage* **117** – 27–28 aegrotos deferri: *a. c. i.* **125** – 40–42 ad causam: in den Relativsatz gezogen **140** – 58–60 genere: in den Relativsatz gezogen **140** – 79 *cum iterativum* **181** – 91 sit: *consec.* nach *ita ut* **124** – 96 cum causale **181** – 111 qui: davor zu ergänzen *eum* (einen Boten) – 114 diceret: *coni. fin.* **133** – 117–118 vobis audientibus: *abl. abs.* **75** – 122–123 domum meam: *acc. der Richtung* **52** – 136 malefici: *gen.* nach **90** (Gerichtsverfahren) – 141 ut *consec*, nach *tantus* **124** – 160–161 tanto damno: *abl. modi* **74** – 173 scisset: Kurzform **27**

Cicero ist empört, daß man ihn von der Reise weg zur Senatssitzung gezwungen hat, obwohl er sich entschuldigt hatte.

Erstübersetzung

Was für einen Grund gab es, warum ich am gestrigen Tag in den Senat so herb gezwungen wurde? War ich allein abwesend, oder wart ihr nicht oft weniger zahlreich, oder wurde eine solche Sache verhandelt, daß auch Kranke heruntergetragen werden mußten? Hannibal, glaub' ich, war an den Toren, oder es wurde über den Frieden mit Pyrrhus verhandelt, eine Sache, zu der auch jener blinde und greise Appius – wie dem Gedächtnis überliefert – herabgetragen wurde. Öffentliche Gottesdienste wurden auf die Tagesordnung gesetzt, eine Art, bei der Senatoren nicht zu fehlen pflegen. Sie werden nämlich nicht durch Kautionen gezwungen, sondern durch die Sympathie derer, über deren Ehrung verhandelt wird; dieses selbe geschieht, wenn über einen Triumph verhandelt wird. Die Konsuln sind so ohne Sorgfalt, daß es dem Senator beinahe freisteht zu fehlen. Da mir diese Sitte bekannt war und ich von der Reise matt war und mir selbst mißfiel, schickte ich entsprechend unserer guten Bekanntschaft einen, der ihm das sagen sollte. Aber jener sagte, wobei ihr es hörtet, er werde mit Schlossern zu meinem Haus kommen. Das ist (doch) allzu heftig und sehr unbeherrscht. Für welche Übeltat denn ist diese so große Strafe, daß er wagte, in dieser Versammlung zu sagen, er werde mit öffentlichen Arbeitern ein Haus stören, das aufgrund eines Senatsbeschlusses auf öffentliche Kosten erbaut worden ist? Wer hat jemals einen Senator unter so großem Schaden beigebracht? Oder was gibt es mehr als Kaution und Geldstrafe? Wenn er freilich gewußt hätte, welche Meinung ich äußern würde, hätte er wahrhaftig etwas von der Strenge beim Herbeizwingen nachgelassen.

Endübersetzung

Was gab es überhaupt für einen Grund, mich gestern so brutal zum Erscheinen im Senat zu zwingen? War ich etwa allein abwesend, oder wart ihr nicht oft schon weniger zahlreich, oder wurde etwas so Wichtiges verhandelt, daß man auch die Kranken heruntertragen mußte? Es stand wohl Hannibal an den Toren, oder es drehte sich um den Pyrrhusfrieden. Zu seiner Verhandlung ließ sich jener blinde alte Appius hertragen, wie uns überliefert. Über Gottesdienste wurde Antrag gestellt; dabei pflegen Senatoren ja nicht zu fehlen. Zwar nicht wegen der Kaution, sondern aus Verpflichtung denen gegenüber, über deren Ehrung verhandelt wird; ebenso geschieht es, wenn über einen Triumph beraten wird. Dabei sind die Konsuln so lässig, daß es dem Senator fast freisteht zu fehlen. Ich wußte, das sei üblich, und da ich von der Reise ermüdet und nicht ganz beieinander war, schickte ich, entsprechend unserer guten Bekanntschaft, einen Boten, der ihm das sagen sollte. Aber der äußerte vor euren Ohren, er werde mit Schlossern zu meinem Haus kommen. Das ist doch allzu jähzornig und sehr unbeherrscht. Was für eine Übeltat sollte denn so schwer geahndet werden, daß er in diesem Hohen Hause zu sagen wagte, er werde den Frieden eines mit staatlichen Mitteln aufgebauten Hauses mit öffentlichen Handlangern stören? Wer hat jemals einen Senator so beeinträchtigt, um ihn herbeizubringen? Was gibt es überhaupt da für Rechtsmittel außer Kaution und Geldbuße? Wenn er allerdings gewußt hätte, wofür ich eintreten würde, wäre er wahrhaftig etwas weniger streng vorgegangen, um mich herzuzwingen.

Text 20
Senat unter Waffendruck (Cic. Phil. II, 44, 112–113)

Wörter

5 saepio, saepsi, saeptum, saepire: umzäunen, umgeben – 10 satelles, -itis m.: Begleiter, Helfershelfer, Leibwächter – 15 valvae, -arum f.: Türflügel – 16 Concordia: Die Sitzung findet im Konkordiatempel statt. – 18 patére: offenstehen (Verwechslungsgefahr! pati) – 24 barbarus (gr.): der nicht lat. und griech. spricht – 25 Ituraei, -orum m.: Stamm aus dem Libanon (als Räuber und Bogenschützen bekannt) – 39 miliens = milies: tausendmal, gebildet wie *quinquies* 5mal und *quotiens* wie oft etc.) – 40 pereo, -ii, perire: untergehen (Gegensatz: *perdere* zugrunde richten) – 49 praesidium, -ii n.: Schutz **223** – 56 istuc: hier *nom. sg.* aus *istud* und *c* (hinweisendes Anhängsel wie in hic, hinc etc.) – 60 caritas, -tatis f.: Liebe, Neigung (zu *carus*) – 63 benevolentia, -ae f.: Wohlwollen – 65 saepire s. Wort 5 – 66 oportet: es gehört sich **206** – 70 eripio, -pui, -reptum, eripere: entreißen (von *rapere*) – 72 extorqueo, -torsi, -tortum, -torquere: entwinden (zu *torquere* drehen) – 77 utinam: Cicero hält seine Ermordung jetzt schon für möglich (Ahnung?) – 78 salvus: wohlbehalten – 84 ago, egi, actum, agere: verhandeln (eigtl. treiben); von *egere* gibt es keine Form *egeris*! – 87 consilium, -ii n.: Plan, Rat (gemeint sowohl die eigenen Pläne des Antonius wie Ratschläge anderer) – 94 diuturnus: langdauernd – 100 gubernaculum, -i n.: Steuerruder (zu *gubernator* Steuermann, Merkwort: *Gouverneur*) – 113 praesidium s. Wort 49 – 115 potius: eher, besser – 122 tantum modo: **224** – 124 ulciscor, ultus sum, ulcisci: rächen (gemeint: die Ermordung Cäsars) – 126 nondum: noch nicht – 127 recuperare: wiedererlangen – 136 defensor, -oris m.: Verteidiger *(nom. actoris)* **156** – 141 otium, -ii n.: Muße, auch Privatleben im Gegensatz zum politischen Leben – 142 consulo, -sului, sultum, -sulere: **83** – 156 salutaris, -e: heilsam (zu salus) – 162 plurimum: Steigerung zu *multum* – 163 interest: es ist ein Unterschied **102** – 166 tranquillus: ruhig (zu *quies*) – 169 postremus: der letzte, also auch äußerste – 178 repello, repulsi, -pulsum, repellere: zurücktreiben, abwehren (von *pellere* treiben, Merkwort: *Propeller* Vortreiber; *Puls:* Bluttrieb = Herzschlag)

Grammatik

3 corona: *abl. instr.* **69** – 21, 22 omnium gentium: *gen. part.* nach homines **92** – 31 praesidi: *gen.* nach **30** – 33 causa: Präposition **101** – 60–63 caritate et benevolentia: *abl. instr.* **69** – 78–79 salvis nobis: *abl. abs.* **75** (statt eines Wunschsatzes) – 81 quoquo (zu modo): *abl.* bei *uti* von *quisquis* **42** – 88 uteris: bei dum – 98–99 ad quos: ergänze: *eos ad quos* – 103 deferat: *pot. der Gegenwart* **109** – 105 ubicumque: **42** – 106

terrarum: *gen. part.* **92** zu ubicumque – 133 adulescentis: *acc.* nach **32** – 137–138 quam volent: wie sie wollen werden, statt: *quamvis illi cedant,* tamen **216** (cedant: *coni. concess.* bei quamvis ebd.) – 150 pacis: *gen. expl.* **91** – 170–171 malorum omnium: *gen. part.* **92** zu postremum – 174, 177 bello, morte: *abl. instr.* **69** – 178 repellendum: *gerundivum* **23**

Cicero ist empört, daß Antonius den Senat zwingt, unter bewaffnetem Druck zu verhandeln. (Die Feindschaft wird nach dieser Rede absolut unheilbar.)

Erstübersetzung

Warum ist der Senat von einem Kranz von Bewaffneten umgeben? Warum hören mir deine Leibwächter mit Schwertern zu? Warum sind die Türen der Konkordia nicht offen? Warum bringst du Leute aus allen Völkern, meist Barbaren, Ituräer, mit Pfeilen auf das Forum? Er sagt, er tue es seines Schutzes wegen. Ist es also nicht tausendmal besser zugrunde zu gehen, als in seiner Gemeinde nicht ohne Schutz von Bewaffneten leben zu können? Aber glaube mir, das da ist kein Schutz: Es gehört sich, daß du durch die Liebe und das Wohlwollen der Bürger umgeben bist, nicht nur durch Waffen. Herausreißen und entwinden wird dir das römische Volk diese Dinge da, wobei wir hoffentlich wohlbehalten (bleiben werden)! Aber auf welche Weise auch immer du mit uns verhandelt haben wirst – solange du solche Anschläge da gebrauchst, kannst du nicht lange dauern, glaub mir.
Es hat das römische Volk Leute, an die es das Steuerruder des Staats übertragen kann; wo auch immer auf der Welt diese sind, dort ist der ganze Schutz des Staats oder besser der Staat selbst, der sich bisher eben nur gerächt, noch nicht wiederhergestellt hat. Es hat freilich sicher der Staat vornehmste junge Leute als bereite Verteidiger; wie sie wollen werden, mögen sie weichen, für ihr Privatleben sorgend: sie werden doch vom Staat zurückgerufen werden. Und der Name des Friedens ist süß und die Sache selbst heilsam; aber zwischen Frieden und Knechtschaft liegt sehr viel. Frieden ist ruhige Freiheit; Knechtschaft das äußerste aller Übel und nicht nur durch Krieg, sondern auch durch Tod zurückzuschlagen.

Endübersetzung

Warum ist der Senat von einem Kreis Bewaffneter umgeben? Warum hören mich deine Leibwächter, mit Schwertern bewaffnet? Warum sind die Tore der Konkordia nicht offen, warum bringst du Menschen aus allen Völkern, vorwiegend Barbaren, Ituräer, mit Pfeil und Bogen aufs Forum? Er sagt, er tue es zu seinem Schutz. Aber ist es nicht tausendmal besser zu sterben, als in der eigenen Gemeinde ohne bewaffneten Schutz nicht leben zu können? Aber das ist kein Schutz, glaube mir: Neigung und

Wohlwollen deiner Bürger müssen dich schützen, nicht Waffen. Entreißen und entwinden wird sie dir das römische Volk, hoffentlich ohne daß wir dran glauben müssen! Aber wie du auch mit uns verhandelst, du kannst dich nicht halten, solange du diese Taktik verfolgst.
Das römische Volk hat Leute, denen es die Lenkung des politischen Lebens übertragen kann; wo sie auch sein mögen, dort liegt die Sicherheit der römischen Republik selbst, die sich bisher gerächt, aber noch nicht wiedergefunden hat. Die römische Republik hat gewiß vornehme junge Leute, bereit, sie zu verteidigen. Mögen jene auch (aus Rom) weichen und für ihr Privatleben sorgen, wie sie wollen – das allgemeine Interesse wird sie zurückrufen. Das Wort Friede klingt gut; der Friede selbst ist segenbringend; aber zwischen Frieden und Knechtschaft ist ein sehr großer Unterschied. Friede heißt Freiheit in Ruhe; Knechtschaft ist das schlimmste Übel und muß nicht nur mit Krieg, sondern mit Einsatz des (eigenen) Lebens abgewehrt werden.

Text 21
Schluß einer Volksrede gegen Antonius (Cic. Phil. IV, 5, 11–16)

Wörter

3 Quirites: offizielle Anrede der röm. Bürger (Herkunft des Wortes unsicher) – 12 prae se ferre: offen vor sich hertragen = zeigen – 13 perseverare: durchhalten (zu *severus* ernst) – 36 erigo, erexi, erectum: sich aufrichten, erheben zu – 46 is: solch **200** – 53 condicio, -ionis f.: Bedingung – 66 sanguis, -inis m.: Blut (fließend), dagegen *cruor* geronnenes Blut – 67 concupiscere: verstärktes *cupere* (*inchoat.* **153**) – 73 iucundus: angenehm (zu *iocus* Scherz) – 75 cruor: s.o. 66 – 77 caedes, -is f.: Gemetzel, Mord **172** – 81 trucidatio, -ionis f.: Niedermetzelung (*nomen actionis* zu *trucidare* nach **155**) – 92 nefarius: ruchlos (von *fas* göttl. Recht) – 95 immanis: ungeheuerlich (nicht geheuer, wie *manes* die Geister der Toten) – 96 taeter: abscheulich (zu *taedet* es ekelt und *taedium* Abscheu) – 97 belua, -ae f.: Untier – 101 fovea, -ae f.: Grube – 102 incidere: (hin)einfallen (zu *cadere*) – 103 obruere: verschütten (zu *ruere* stürzen) – 106 illim: = illinc (*c* ist Demonstrativsuffix) – 107 emergo, -mersi: auftauchen – 109 supplicium, ii n.: Todesstrafe **211** – 112 recusare: verweigern – 116 urgeo, ursi, urgere: drängen – 131 incumbo, -bui, -bitum: sich auf etwas legen, werfen, etw. intensiv betreiben (bei *dat.* oder *in* b. *acc.*) – 150 consociatus: verbündet – 167 pereo, -ii, perire: untergehen (dagegen *perdere* zugrunde richten) – 177 dede-

cus, -coris n.: Schande (zu *decet*) – 179 propulsare: abwehren (*intens.* zu *propellere* **152**) – 182 proprius: eigen, eigentümlich – 187 semen, -minis n.: Same – 194 tamquam: so wie (aber *quamquam* **215**) – 195 hereditas, -tis f.: Erbschaft (zu *heres* Erbe) – 204 caducus: hinfällig (zu *cadere*) – 209 altus: hoch (zu *alere* großziehen) – 211 radix, -icis f.: Wurzel (Merkwort: *Radieschen*) – 216 labefactari: schwankend machen (zu *labi* schwanken, gleiten) – 230 excido, -cidi, -cisum: eigtl. herausschneiden, schlagen (zu *caedere*) – 232 everto, -ti, -sum: umkehren, zerstören – 238 dicio, -ionis f.: Botmäßigkeit (das „Sagen") – 241 redigo, -egi, -actum: an den gehörigen Ort (eigtl. zurück-) bringen (Merkwort: Redakteur) – 248 is: s.o.46 – 257 aerarium, -ii n.: Staatsschatz – 262 ratio: **158** hier etwa Berechenbarkeit (worauf man zählen kann) – 286 consilium: hier Ratsversammlung (Verwechslungsgefahr: *concilium* Versammlung), sonst: Rat, Beratung – 288 gestire: trachten nach (*intens.* **152** zu gerere) – 296 exhaurio, -hausi, -haustum: ausschöpfen – 297 suus: im Sinne von sein eigen – 303 qui: wie **217** (wer? würde *quis* heißen) – 316 is: s.o. 46 – 336 percussor, -is m.: Mörder (eigtl. Durchbohrer) – 338 latro, -onis m.: Räuber (ursprgl. griech.) – 340 Spartacus: der bekannte Sklavenführer, hier Umstürzler schlechthin – 353 industria, -ae f.: Fleiß, Rührigkeit (zu altem *indu-* = *in* und *struere*) – 354 inferior: unterlegen (zu *infra*) – 360 repente: plötzlich (*adv.*) zu *repere* schleichen – 361 conflare: eigtl. zusammenblasen – 367 amittere: verlieren **204** – 371 diligentia, -ae f.: Umsicht, Sorgfalt – 379 frango, fregi, fractum: brechen (Fraktur) – 383 latrocinium, -ii n.: Räuberei, auch Räuberbande (zu *latro* s.o. 338) – 400 opprimo, -pressi, -pressum: niederdrücken; militär.: überfallen, niederwerfen; marinetechn.: versenken – 402 equidem: verstärktes *quidem*, oft auf *ego* bezogen, ich meinerseits – 409 enitor, enixus sum, eniti: sich stemmen, sich anstrengen – 414 praetermittere: vorbeilassen, auch übergehen **204** – 419 pertinere ad: sich erstrecken, beziehen, in Bezug stehen zu – 424 pro: entsprechend **58** – 426 amplus: geräumig, bedeutend – 429 beneficium, -ii n.: Wohltat, pol. Anerkennung durch Ehrenämter – 434 hodiernus: heutig – 438 referre: berichten, (im Senat:) auf die Tagesordnung bringen, auch: beziehen auf (Merkwort: Relativum) – 457 princeps, -ipis m.: der zuerst anpackt **166** – 461 exardesco, -arsi: entbrennen (*inchoat.* **153** zu *ardere*)

Grammatik

13 perseveretis: *coni. cons.* **124** – 14 faciam: *fut.I,* nicht *coni.pot.*; er tut es ja – 18, 19 instructa acie: *abl. abs.* **75** – 26 videant: *coni. pot.* **109**, da *coni. nach quamquam* nicht üblich – 34 ardentis: *acc. pl.* **32** – 37 ad: Bezug auf *erigere* und *cohortari* möglich – 39 recuperandum: *gerundivum* **23** – 55 possit: *con. consec.* nach *eo, ut cum eo (= eo, cumquo)* **137** – 103 obruatur: *coni. iuss.* **112** – 107 emerserit: *fut.II* wegen 111 *erit* – 112 recusanda: *gerundivum* **23** hier in der Bedeutung „können" – 118, 119 eis copiis: *abl. instr.* **69** – 126, 127 paucis diebus: *abl. temp.* **54** – 161 ne – an: ob – oder **117** –

162 simus: *coni.* d. *ind. Frage* **115** – 184 Romani ff.: *gen. poss.* **84** – 209, 211 altis radicibus: *abl. instr.* **69** oder *sep.* **53** zu *de-fixa* – 214/215 vi ulla: *abl. instr.* **69** – 220 loco: *abl. sep.* **53** zu *de-movere* – 221 hac: *abl. instr.* **69** – 224 primum: zuerst – 236 gentis: *acc. pl.* **32** – 253 haberet: *coni. consec.* nach *is, qui* **124, 134** – 267 tulisset: *coni. irr.* **108** (es gab ja keinen Frieden, sondern Zerstörung) – 307 cum: *caus.* od. *adv.* (wo er doch) **181** – 331, 332 omnium gentium: *gen. obi.* **87** – 342 quod: was das betrifft, daß **219** – 343 se esse: *a.c.i.* **125** – 346 Catilinae: *gen.* od. *dat.*, bei *similis* beides möglich – 349 scelere: *abl. lim.* **73**, ebenso 353 *industria* – 356 cum: *hist.* oder *concess.* **181** – 384 vestra concordia: *abl. instr.* **69** oder *mod.* **74** – 398, 399 brevi tempore: *abl. temp.* **54** – 404 cura etc.: *abl. instr.* **69** – 434, 436 hodierno die: *abl. temp.* **54** – 438 referente etc.: *abl. abs.* **75**

Erstübersetzung

Übrig ist, Quiriten, daß ihr in dieser Meinung, die ihr offen zur Schau tragt, beharrt. Ich werde also tun, was Feldherren tun bei aufgestellter Schlachtreihe, daß sie, obwohl sie die Soldaten äußerst bereit zum Kampf sehen, sie dennoch ermahnen; so werde ich euch zur Wiedererlangung der Freiheit ermahnen, die ihr dazu brennt und euch dazu aufgerichtet habt. Der Kampf ist euch nicht, Quiriten, mit einem solchen Feinde, daß es mit ihm irgendeine Bedingung des Friedens geben könnte. Jener wünscht nämlich nicht mehr eure Knechtschaft, wie zuvor, sondern, bereits erzürnt, euer Blut. Kein Spiel scheint ihm angenehmer als Blut, als Mord, das Niedermetzeln von Bürgern vor seinen Augen. Ihr habt es nicht zu tun, Quiriten, mit einem frevelhaften und ruchlosen Menschen, sondern mit einem ungeheuerlichen und abscheulichen Untier, das, da es in die Grube gefallen ist, verschüttet werden soll. Wenn es nämlich von dort aufgetaucht sein wird, wird keiner Todesstrafe Grausamkeit abgelehnt werden können. Aber es wird gehalten, bedrängt, bedrückt, jetzt durch die Truppen, die wir schon haben, bald durch die, welche in wenig Tagen die neuen Konsuln beschaffen werden. Widmet euch der Sache, Quiriten, wie ihr es tut. Nie war eure Übereinstimmung in irgendeiner Sache größer; nie wart ihr so heftig mit dem Senat verbündet. Kein Wunder; es handelt sich nämlich nicht darum, unter welcher Bedingung wir siegen, sondern ob wir siegen oder mit Tod und Schande untergehen werden. Obwohl die Natur freilich allen den Tod vorbestimmt hat, pflegt doch die Mannhaftigkeit die Grausamkeit des Todes und der Schande abzuwehren, sie, die eine Eigenschaft der römischen Rasse ist. Haltet bitte an ihr fest, Quiriten, die euch eure Vorfahren wie eine Erbschaft hinterlassen haben. Alles andre ist falsch, unsicher, hinfällig, beweglich; Mannhaftigkeit als einzige ist mit tiefsten Wurzeln befestigt, welche durch keine Gewalt ins Wanken, niemals von der Stelle gebracht werden kann. Mit ihr haben eure Vorfahren erst ganz Italien besiegt, dann Karthago ausgemerzt, Numantia zerstört, mächtigste Könige, kriegerischste Völker in die

Botmäßigkeit dieses Reiches gebracht. Und eure Vorfahren hatten es, Quiriten, mit einem solchen Feind zu tun, der einen Staat hatte, eine Kurie, eine Staatskasse, Zustimmung und Einigkeit der Bürger, eine Berechnung von Frieden und Vertrag, wenn es die Sache so mit sich gebracht hätte; dieser euer Feind bekämpft den Staat, er selbst hat keinen; er geht daran, den Senat zu zerstören, d. h. die Ratsversammlung des Erdkreises, er selbst hat keinen öffentlichen Rat; euren Staatsschatz hat er erschöpft, einen eigenen hat er nicht. Denn wie kann er die Einhelligkeit der Bürger haben, wenn er keine Mitbürgerschaft hat? Welche Berechnung eines Friedens vollends kann mit dem sein, in dem unglaubliche Grausamkeit ist, kein Treu und Glaube? Es ist also der ganze Kampf, Quiriten, für das römische Volk, den Sieger über alle Völker, mit einem Räuber, einem Mörder, einem Spartakus. Denn was das betrifft, daß er sich zu rühmen pflegt, er sei dem Catilina ähnlich, so ist er ihm an Verbrechen gleich, an Rührigkeit unterlegen. Jener, obschon er kein Heer hatte, beschaffte sich plötzlich eins; dieser verlor das Heer, das er empfangen hatte. Wie ihr also den Catilina durch meine Umsicht, des Senats Autorität, euren Eifer und eure Mannhaftigkeit gebrochen habt, so werdet ihr in kurzer Zeit hören, daß des Antonius ruchlose Räuberbande durch eure so große Einigkeit mit dem Senat, wie sie noch nie war, durch das Glück und die Mannhaftigkeit eurer Heere und Führer niedergedrückt ist. Ich meinerseits werde nichts unterlassen, was meiner Ansicht nach sich auf eure Freiheit erstreckt, soviel ich mit Sorge, Mühe, Nachtwachen, Ansehen, Rat mich anstrengen und was ich erreichen können werde; denn ich kann das nicht ohne Verbrechen tun (das Unterlassen!) entsprechend euren sehr bedeutenden Ehrungen mir gegenüber. Am heutigen Tag sind wir zur Hoffnung auf Freiheit entbrannt, zuerst, da ein sehr mutiger und euch sehr wohlgesinnter Mann, dieser M. Servilius, und seine Amtsgenossen, hochgeehrte Männer und beste Bürger, darüber berichtet haben und – in weitem Abstand – da ich den Anstoß gab und die Führung übernahm (bei der Antragstellung).

Endübersetzung

Es bleibt noch übrig, Quiriten, daß ihr in der Meinung, die ihr jetzt zur Schau stellt, auch durchhaltet. Ich werde also tun wie gewöhnlich Feldherren, wenn die Truppen zur Schlacht aufgestellt sind. Obwohl sie die Soldaten kampfbereit sehen, feuern sie sie dennoch noch an; so werde ich euch anfeuern, die ihr schon darauf brennt, die Freiheit wiederzuerlangen. – Ihr habt nicht zu kämpfen, Quiriten, mit einem Feinde, mit dem man unter Bedingungen Frieden schließen kann. Denn er wünscht nicht mehr eure Knechtschaft wie zuvor, sondern schon voll Wut euer Blut. Kein Zeitvertreib scheint ihm angenehmer als Blutvergießen, Mord, das Niedermetzeln von Mitbürgern vor seinen Augen. Ihr habt es nicht zu tun, Quiriten, mit einem ruchlosen Verbrecher, sondern mit einem ungeheuerlichen, abscheulichen Untier, das, nun einmal in die Grube gefallen, verschüttet werden muß. Falls er nämlich von dort wieder herauskommt, kann auch der grausamste Tod nicht mehr verhindert werden. Aber er wird festgehalten, eingezwängt, bedrängt, jetzt von den Truppen, die wir schon haben, bald von denen, die die neuen Konsuln in wenigen Tagen aufstellen werden. Widmet euch ganz dieser Sache, Quiriten, wie ihr es jetzt tut. Nie wart ihr in irgendeiner Angelegenheit einiger, nie enger verbunden mit dem Senat. Kein Wunder; es handelt sich nicht darum, welche Bedingungen unser Sieg schafft, sondern ob wir siegen oder mit Tod und Schande untergehen. Obschon die Natur allen den Tod bestimmt hat, kämpft die Mannhaftigkeit immer gegen einen grausamen und schändlichen Tod, sie, die doch eine Eigenschaft der römischen Rasse ist. Haltet bitte an ihr fest, Quiriten, die euch eure Vorfahren wie ein festes Erbe hinterlassen haben. Alles andre ist trügerisch, unsicher, hinfällig, schwankend; die Mannestugend allein hat feste, tiefe Wurzeln, sie, die sich durch keine Gewalt ins Wanken, nie von der Stelle bringen läßt. Mit ihr haben eure Vorfahren zuerst ganz Italien besiegt, dann Karthago ausgetilgt, Numantia zerstört, großmächtige Könige, kriegsgewohnte Völker unter die Botmäßigkeit dieses Reiches gebracht. Und dabei hatten es eure Vorfahren, Quiriten, mit einem Gegner zu tun, der ein öffentliches Interesse, ein Rathaus, eine Kassenführung, Einmütigkeit seiner Mitbürger hinter sich hatte, Verläßlichkeit eines Friedensvertrags, wenn es so gekommen wäre; dieser euer Feind bekämpft euer öffentliches Interesse, er selbst hat keines; er will den Senat vernichten, d. h. das Ratsorgan des Erdkreises, er selbst kennt keine Beratungsinstanz; eure Staatskasse hat er erschöpft, eine eigene hat er nicht. Denn wie kann man eine Mitbürgerschaft hinter sich haben, wenn man den Begriff Mitbürger nicht kennt? Wie kann ein Friede in Betracht gezogen werden mit einem, der unglaublich grausam ist und Treu und Glauben nicht kennt? Kämpfen muß also das römische Volk, Sieger über alle Völker, mit einem Räuber, einem Mörder, einem Spartakus. Denn wenn er sich zu rühmen pflegt, er ähnle dem Catilina: an Verbrechen ist er ihm gleich, an Energie unterlegen. Obschon jener kein Heer hatte, stampfte er eins aus dem Boden; dieser hat das überkommene Heer verloren. Wie ihr also den Catilina, Quiriten, dank meiner Umsicht, mit der Autorität des Senats, eurem Einsatz und eurer Tapferkeit gebrochen habt, so werdet ihr in kurzer Zeit hören, daß des Antonius frevelhafte Räuberbande durch eure großartige, einmalige Einigkeit mit dem Senat, durch den glückhaften Erfolg und die Tapferkeit eurer Heere und Feldherren niedergeworfen ist. Ich meinerseits werde nichts versäumen, was nach meiner Ansicht zu eurer Freiheit beiträgt, soviel ich mit Sorgen, Mühen, Nachtarbeit, Ansehen und Rat unter aller Anspannung erreichen kann; ich könnte nicht anders handeln, ohne mich zu versündigen, entsprechend euren umfangreichen Ehrungen meiner Person. Am heutigen Tag sind wir entbrannt in Hoffnung auf Freiheit, zuerst durch den Bericht dieses M. Servilius, eines tapferen und euch wohlgesinnten Mannes, und seiner Kollegen, hochgeehrter Männer und hervorragender Mitbürger, und – in weitem Abstand – unter meiner Anregung und Wortführung.

Text 22
Ein Senatsbeschluß wird beantragt (Cic. Phil. XIV, 14, 36–8)

Wörter

7 censere: meinen, dafür stimmen, beantragen, beschließen – 12 imperator: Feldherr, auch Titel (von der Truppe verliehen) **199** – 16 confligo, -flixi, -flictum: zusammenschlagen, also kämpfen – 20 legio Martia: Legion des Mars; die Legionen trugen oft neben der Nummer Beinamen (z. B. *victrix, rapax* etc.) – 32 tiro, -onis m.: Rekrut – 43 tela, -orum n.: Angriffswaffen, bes. Geschosse – 44 versari: sich bewegen (*intens.* **152** von *vertere*) – 45 volnera = vulnera **38** – 71 occidio, -ionis f.: das Niederhauen, *nom. actionis* zu *occidere* **155** – 78 ne - quidem: nicht einmal – 82 desiderare: vermissen (auch wünschen) – 86, 87 pro praetore = propraetor (Band II, S. 16) – 100 accedere: herangehen **174** – 101 profligare: niederschlagen (von *fligere* s. o. 16) – 116 gravitas, -tis f.: Gewicht, Würde, Respekt (durch Haltung erzielt) – 135 fortunae, -arum f.: Vermögen (meist *plur.*) – 139 dimicatio, -ionis f.: Kampf, *nom. actionis* **155** zu *dimicare* – 158, 159 alter ambove: der eine oder beide (Formel für Anweisung an die Konsuln) – 167 supplicatio, -ionis f.: Dankgottesdienst **211** – 173 pulvinar, -ris n.: Götterpolster (zu einer Speisegabe wurden Götterpolster für die Götter aufgestellt), also: ad omnia pulvinaria = in allen Tempeln – 181 exsisto, -stiti: erstehen, bestehen – 186 polliceor, -citus sum: versprechen – 196 persolvo, -solvi, -solutum: einlösen (Geld, Versprechen) – 200 princeps: (als) erster *adi.* – 203 confligere: s. o. 16 – 210 contendere: kämpfen **226** – 213, 214 caedere – cadere: dazu *o.72 u. u. 311* – 220 retractatio, -ionis f.: Zurückziehung a) Weigerung b) Wiederbehandlung (zu *tractare* behandeln) – 224 profundo, -fudi, -fusum: vergießen – 226 similis: ähnlich – 231 pro: für **58** – 237, 238 mortem oppetere (von *petere* streben): dem Tod entgegengehen – 240 placet mihi: ich beschließe, es gefällt mir – 271 locare: vergeben (einen Bauauftrag) – 285 testari: bezeugen (*testis* Zeuge) – 296 utique = et ut (Verwechslungsgefahr: *utique* jedenfalls) – 304 solvere: s. o. 196

Grammatik

5 complectar: *coni. fin.* **118** – 8 cum: *caus.* **181** – 16 confligendi: *gerundium* **25** – 18, 19 quo proelio: Beziehungswort in den Relativsatz gezogen **14** – 22 admirabili ff.: *abl. mod.* **74** – 28 defenderit etc.: *coni. der indirekten Rede* **129** – 39 cum: *hist.* **181** – 52,53 proelio audito: *abl. abs.* **75** – 54,55 re cognita: *abl. abs.* **75** – 56 ff. fortissimo etc.: *abl. mod.* **74** – 60 castris: *abl. sep.* bei *e-ducere* **53** – 139–141 dimicatione et periculo: *abl. instr.* **69** – 144 uti = ut, *fin.* – 179, 180 clarissimis imperatoribus: *abl.* b. *dignus* **134** – 191, 192 summo studio: *abl. mod.* **74** – 193, 195 re recuperata: *abl. abs.* **75** – 211 ut: *cons.* oder *fin.* **229** – 271, 272 locandum faciendumque: *gerundivum* **23**

– 307, 308 hoc bello: *abl. temp.* **54** – 318ff. quae tribui: *a.c.i.* bei *oporteret* – 302 u. 328 constituit und vicerunt: *ind.,* weil nicht Gedanken (*ind. Rede*), sondern Tatsachen – 327 morte: *abl. instr.* **69** oder *mod.* **74**

Erstübersetzung

Aber damit ich irgendwie meine Meinung zusammenfasse, beantrage ich folgendes: Da C. Pansa, Konsul und Imperator, den Anfang des Kampfes mit den Feinden gemacht hat, ein Gefecht, in dem die Marslegion mit bewundernswerter und unglaublicher Mannhaftigkeit die Freiheit des römischen Volkes verteidigt hat, ebendas, was auch die Rekrutenlegionen getan haben, und C. Pansa selbst, Konsul und Imperator, als er sich inmitten feindlicher Geschosse bewegte, Wunden empfangen hat, und da A. Hirtius, Konsul und Imperator, als er das Gefecht gehört und die Sachlage erkannt hatte, mit tapferem und hervorragendem Mut das Heer aus dem Lager geführt und einen Angriff auf M. Antonius und das Heer der Feinde gemacht und dessen Truppen durch Niederschlagen niedergeschlagen hat, wobei sein Heer so unversehrt blieb, daß er nicht einmal einen Soldaten vermißt hat, und da C. Cäsar, Proprätor und Imperator, mit seiner Besonnenheit und Umsicht das Lager mit Glück verteidigt hat und die Truppen der Feinde, die ans Lager herangerückt waren, niedergeschlagen und -gehauen hat – dieser Dinge wegen meine und urteile der Senat, daß durch dieser drei Feldherren Tapferkeit, Befehlsführung, Planung, Haltung, Standhaftigkeit, Geistesgröße, Glück das römische Volk von gräßlichster und grausamster Knechtschaft befreit sei, und da sie den Staat, die Stadt, die Tempel der unsterblichen Götter, Güter und Vermögen aller und die Kinder gerettet haben unter Kampf und Gefahr ihres Lebens – daß wegen dieser gut, tapfer und glücklich geführten Kämpfe C. Pansa, A. Hirtius, Konsuln und Imperatoren, der eine oder beide oder, wenn sie abwesend sein werden, M. Cornutus, der Prätor Urbanus, Dankgottesdienste 50 Tage lang in allen Tempeln einrichten soll, und da die Mannhaftigkeit der Legionen sich würdig der bedeutendsten Feldherren gezeigt hat, werde der Senat das, was er vorher unseren Heeren und Legionen versprochen habe, mit höchstem Eifer, wenn der Staat wiederhergestellt ist, einlösen, und da die Marslegion als erste mit dem Feind gekämpft und so mit einer größeren Zahl von Feinden gestritten hat, daß sie sehr viele töteten, einige fielen, und da sie ohne Weigerung für das Vaterland ihr Leben vergossen haben, und da mit gleicher Mannhaftigkeit die Soldaten der übrigen Legionen für das Heil und die Freiheit des römischen Volkes dem Tod entgegengegangen sind, beschließe der Senat, daß C. Pansa, A. Hirtius, Konsuln und Imperatoren, der eine oder beide, wenn es ihnen gut scheine, sorgen für die, die ihr Blut für Leben, Freiheit, Vermögen des römischen Volkes, für die Stadt, die Tempel der unsterblichen Götter vergossen haben, ein möglichst großes Denkmal in Auftrag zu geben und anzufertigen und die Stadtquästoren anweisen sollen, zu dieser Sache Geld zu geben, zuzuteilen und auszuzahlen, damit es zum ewigen Gedächtnis der

Nachwelt das Verbrechen der grausamsten Feinde und die göttliche Mannhaftigkeit der Soldaten bezeuge, und daß sie die Belohnungen, die der Senat den Soldaten zuvor festgesetzt hat, den Eltern, Kindern, Frauen, Brüdern derer auszahlen sollen, die in diesem Krieg für das Vaterland gefallen sind, und ihnen zuteilen sollen, was den Soldaten selbst hätte zugeteilt werden sollen, wenn sie lebend gesiegt hätten, sie, die durch ihren Tod gesiegt haben.

Endübersetzung

Aber um einmal meine Meinung zusammenzufassen, beantrage ich folgendes:
Da C. Pansa, Konsul und Imperator, den Kampf mit den Feinden eröffnet hat, in dem die Marslegion mit bewundernswerter und unglaublicher Tapferkeit die Freiheit des römischen Volkes verteidigt hat, ebenso wie die Rekrutenlegionen, und C. Pansa selbst, Konsul und Imperator, in vorderster Linie verwundet worden ist und da A. Hirtius, Konsul und Imperator, auf den Gefechtslärm hin und nach Erkenntnis der Lage mit hervorragender Beherztheit das Heer aus dem Lager geführt, M. Antonius angegriffen und seine Truppen mit der Schärfe des Schwerts geschlagen hat, wobei sein Heer ohne Verluste blieb, so daß er nicht einen Mann vermißte, und da C. Cäsar, Proprätor und Imperator, mit Besonnenheit und Umsicht das Lager erfolgreich verteidigte und die Truppen der Feinde, die vor das Lager gerückt waren, niedergeworfen und geschlagen hat – dieser Taten wegen meine und urteile der Senat, daß durch die Tapferkeit, Befehlsführung, Planung, Haltung, Standhaftigkeit, Geistesgröße, Glück dieser drei Feldherren das römische Volk vor gräßlicher und grausamer Knechtschaft befreit sei, und da sie Staat, Stadt, die Tempel der unsterblichen Götter, Güter und Vermögen und Kinder aller gerettet haben unter kämpferischem Einsatz des Lebens – daß wegen dieser tapferen und erfolgreichen Kämpfe C. Pansa, A. Hirtius, Konsuln und Imperatoren, einer oder beide oder, in ihrer Abwesenheit, M. Cornutus, der Stadtprätor, 50tägige Dankgottesdienste in allen Tempeln anordnen soll, und da die Tapferkeit der Legionen sich der bedeutenden Feldherren würdig gezeigt hat, werde der Senat nach Wiederherstellung des staatlichen Normalzustands mit höchstem Nachdruck das einlösen, was er vorher unseren Heeren und Legionen versprochen hat, und da die Marslegion den Kampf mit den Feinden eröffnet und mit einer feindlichen Übermacht so gekämpft hat, daß sie sehr viele erschlagen haben und etliche fielen, und da sie ohne alles Zögern ihr Leben für das Vaterland hingegeben haben und da die Soldaten der übrigen Legionen mit ähnlicher Tapferkeit für das Wohl und die Freiheit des römischen Volkes dem Tod entgegengegangen sind, beschließe der Senat, daß C. Pansa, A. Hirtius, Konsuln und Imperatoren, einer oder beide, wenn es ihnen recht scheint, für die, die ihr Blut für Leben, Freiheit, Vermögen des römischen Volkes, für die Stadt, für die Tempel der unsterblichen Götter vergossen haben, ein möglichst großes Denkmal in Auftrag geben und herstellen lassen und die Stadtquästoren beauftragen, Geld bereitzustellen, zu-

zuteilen und auszuzahlen, damit es für die ewige Erinnerung der Nachwelt das Verbrechen der grausamen Feinde und die übermenschliche Tapferkeit der Soldaten bezeuge, und daß sie das, was der Senat an Belohnungen für die Soldaten vorher bestimmt hat, den Eltern, Kindern, Frauen, Brüdern der in diesem Krieg für das Vaterland Gefallenen auszahlen und ihnen zuteilen, was den Soldaten selbst hätte zugeteilt werden sollen, wenn sie lebend gesiegt hätten, sie, die im Tode gesiegt haben.

Text 23
Über die moralische Verantwortung führender Männer (Cic. de Leg. III, 13, 30–14, 32)

Wörter

2 specimen, -minis n.: Muster, Beispiel – 11 cupiditas, -tis f.: Begierde (zu cupere, cupidus, cupido) – 12 princeps, -ipis m.: führender Mann **166** – 14 vitium, -ii n.: Fehler, Laster – 15 inficere: anstecken (Merkwort: Infektion) – 20 emendare: ausbessern (zu *mendum* Fehler) – 22 corrigo, -rexi, -rectum: verbessern (eigtl. zusammenrichten von *regere*) – 23 continentia, -ae f.: Bescheidenheit, Unbestechlichkeit (das Sich-zusammen-Nehmen), Gegensatz: *libido* – 32 ferre: auch berichten – 33 quasi: wie wenn (aus *quamsi*) – 34 commodus: geschickt, passend (eigtl. dem Maß entsprechend) – 42 duo: *acc. plur* (alter Dualis) – 45 vicinus, -i m.: Nachbar (ursprgl. Dorfgenosse) – 56 concedere: einräumen **174** (Merkwort: *coni. concess.*, Konzession) – 58 oportet: es gehört sich **206** – 63 ordo, -dinis m.: Reihe, Stand – 65 licet: es ist erlaubt (Merkwort: Lizenz) – 67 Lucullus ist nicht anwesend, wird nur im Geist angeredet – 87 ferre: (hier) ertragen – 93 signum, -i n.: Zeichen; im Kunsthandel: Statue – 95 tabula, -ae f.: Tafel, Gemälde (wie im Mittelalter auf Holztafeln, daher: Tafelmalerei) – 96 refertus = confertus: vollgestopft **178** – 97 partim: teils (erstarrt. *casus* **36**) – 98 publicus: öffentlich; hier: profan (wegen Gegensatz *sacer*) – 106 frango, fregi, fractum: brechen (Merkwort: Fraktur, Schriftart mit „gebrochenen" Buchstaben, medizinisch: Bruch); hier demütigen, unmöglich machen (gesellschaftlich) – 108 libido, -dinis f.: Willkür (zu *libet* es beliebt vgl. o.23 – 115 debere: müssen (moralisch) **206** – 118 tenere mit *gen.:* einer Sache überführen (einer Sache wegen festhalten) – 124 peccare: sich (moralisch oder juristisch) verfehlen (theol.: sündigen) – 130 per se: an sich – 136 quod: faktisch **219** – 138 imitator, -is m.: Nachahmer, *nom. actoris* zu *imitari* **156** – 140 ex(s)isto: aufstehen, auftreten, bestehen – 146 replicare: (wieder auf-) falten zu *plicare* **211** – 147/8 memoriam temporum: dichterisch für Geschichte – 149 qualiscumque: wie beschaffen auch immer, *allg. rel. pron.* **42** – 157 quaecumque: s. o. 149 – 168 perniciosus: verderblich (zu *pernicies* von *nocere*) – 172

mereri de: sich verdient machen um – 173 vitiosus: lasterhaft (zu *vitium* s. o. 14) – 179 concipere: (in sich) aufnehmen **162** – 183 infundo, -fusi, -fusum: hineingießen – 188 obesse: schaden (eigtl. entgegen sein) – 191 corrumpo, -rupi, -ruptum: verderben (auch bestechen) von *rumpere* brechen – 199 peccatum, -i n.: Fehler (zu o.124 *peccare*)

Grammatik

1 ceteris: *dat. comm.* **78** – 11 ff. cupiditatibus – vitiis – continentia: *abl. instr.* **69** – 23 continentia: ergänze *principum* – 32 ferebatur: *impf. iter.* **104** – 35 respondisset: *coni. irr.* **108** – 36 cum: *hist.* **181** – 38 obicere: vor- (entgegen-) werfen – 42 duo ff.: *a.c.i.* **125**, *ind. Rede* bis 65 *liceret* – 52 cum: *caus.* **181** – 56 concedi: *a.c.i.* **125**, abhängig von *oportere* – 58 oportere: *a.c.i.* **125** – 63 ordinis: *gen. qual.* **94** – 66 non: statt *nonne,* weil nur rhetorisch, keine echte Frage – 69 ff.: *a.c.i.* **125** – 76 cuperent: *coni. consec.* **122** – 82 faceres – liceret: *coni. irr.* **108** – 90 videret: *coni.*, weil von *coni.* Satz abhängig **121** – 93 signis – religiosis: *abl. instr.* **69** – 106 frangeret – tenerentur: *coni. irr.* **108** – 116 cupiditatis: *gen.* bei Verben des Gerichtsverfahrens **90** – 122 mali: *gen. part.* zu *tantum* **92** – 124 peccare: *a.c.i.* ist Subjekt zu *est* – 145 velis: *coni. pot.* **109** (zu *volo, velim*) – 153 fuerint: *coni.* weil von *a.c.i.* abhängig **121**, ebenso *extiterit* – 197 exemplo – peccato: *abl. instr.* **69**

Erstübersetzung

„Sei den anderen ein Vorbild.“ Wenn wir das festhalten, halten wir alles (in der Hand). Wie nämlich durch die Begierden der führenden Männer und ihre Laster die ganze Bürgerschaft angesteckt zu werden pflegt, so (pflegt sie) verbessert und aufgerichtet zu werden durch (deren) Selbstbeherrschung. Ein großer Mann und uns allen befreundet, L. Lucullus, wurde überliefert, wie wenn er sehr passend geantwortet hätte, als ihm die Pracht seines Landhauses in Tusculum vorgeworfen wurde: Er habe zwei Nachbarn, einen höhergestellten, einen römischen Ritter, und einen tiefer gestellten, einen Freigelassenen; da deren Landhäuser prächtig seien, müsse ihm zugestanden werden, was denen erlaubt sei, die niederen Standes seien. Siehst du nicht, Lucullus, daß von dir das selbst geboren ist, daß jene (das) wünschen, denen das, wenn du es nicht tätest, nicht erlaubt wäre? Wer nämlich würde diese da ertragen, wenn er ihre Landhäuser sähe, vollgestopft mit Statuen und Gemälden, teils allgemeiner, teils auch heiliger und religiöser Art? Wer würde nicht ihre Zügellosigkeit brechen, wenn nicht die selbst, die sie brechen sollten, bei derselben Begierde ertappt würden? Denn es ist nicht so sehr vom Übel, daß führende Männer sich verfehlen – obwohl das an sich selbst schon ein großes Übel ist –, wie das, daß sehr viele

Nachahmer der führenden Männer auftreten. Denn es ist (erlaubt) möglich zu sehen – wenn du etwa die Geschichte entfalten willst –, daß so, wie auch immer die bedeutendsten Männer einer Bürgerschaft gewesen sind, (auch) die Bürgerschaft gewesen ist; daß, welcher Wandel der Sitten auch immer in den führenden Männern aufgetreten ist, derselbe auch im Volk gefolgt ist. Umso verderblicher machen sich lasterhafte Führerpersönlichkeiten um das Gemeinwesen verdient, weil sie nicht nur Laster selbst in sich aufnehmen, sondern sie in die Bürgerschaft hineingießen; und sie beeinträchtigen nicht nur, weil sie selbst verdorben werden, sondern auch, weil sie verderben, und schaden mehr durch ihr Beispiel als durch das Vergehen (an sich).

Endübersetzung

„Den anderen sollst du ein Vorbild sein.“ Wenn wir daran festhalten, haben wir alles (in Händen). Denn wie eine ganze Gemeinde durch Begierden und Laster ihrer führenden Männer angesteckt zu werden pflegt, so wird sie gewöhnlich durch deren Selbstzucht verbessert und aufgerichtet. Von einem bedeutenden Mann, unser aller Freund, L. Lucullus, pflegte man folgendes zu erzählen, wie wenn er besonders treffend geantwortet hätte, als man ihm die Pracht seines Landhauses in Tusculum vorhielt: Er habe zwei Nachbarn, einen sozial höhergestellten, einen römischen Ritter, und einen niederen, einen Freigelassenen; da deren Landhäuser prächtig seien, müsse man ihm zubilligen, was denen erlaubt sei, die niedereren Standes seien. Siehst du nicht, Lucullus, daß von dir eben das ausgeht, daß jene begehrlich werden, denen das nicht erlaubt (möglich?) wäre, wenn du es nicht machen würdest? Denn wer würde diese Leute da ertragen, wenn er ihre Landhäuser sieht, vollgestopft mit Statuen und Gemälden weltlicher wie heiliger und religiöser Kunst? Wer würde nicht gegen ihre Maßlosigkeit einschreiten, wenn nicht gerade die, die gegen sie einschreiten müßten, sich bei demselben Bestreben ertappen ließen? Es ist nämlich nicht so sehr vom Übel, daß führende Männer sich verfehlen – obwohl auch das an und für sich schon ein großes Übel ist –, als daß führende Männer auch viele Nachahmer haben. Denn wenn man etwa die Geschichte wieder aufblättern wollte, kann man sehen: wie jeweils die Spitzen der Gemeinde gewesen sind, so war sie selber; jeder Wandel, der in der führenden Schicht auftrat, setzte sich nachher im Volk durch... Umso verderblicher wirken lasterhafte Führerpersönlichkeiten in einem Staat, da sie nicht nur sich selbst den Lastern öffnen, sondern sie in ihrer Mitbürgerschaft verbreiten; sie schaden nicht nur, weil sie selbst verdorben werden, sondern weil sie auch (andere) verderben, und stiften mehr Unheil durch ihr Beispiel als durch ihre Verfehlung an sich.

Text 24
Ein Epikuräer erläutert die Bedeutung der Atomlehre (Cic. de nat. deor. I, 20, 53–56)

Wörter

6 efficere: bewirken (Merkwort: Effekt) – 8 mundus, -i m.: die Welt – 10 opus est: es ist erforderlich **206**, m. abl. **53** – 12 fabrica, -ae f.: Kunst des Handwerkers, besonders des Schmieds (zu *faber* von *facere*) – 25 sollertia, -ae f.: Geschicklichkeit (aus *sollus* = *totus* und *ars*) – 41 mens, -tis f.: Denken – 46 tragicus: tragisch (griech.) – 50 argumentum, -i n.: anschauliche Erzählung, Darstellung, auch Beweis (von *arguere* eigtl. anschaulich machen) – 49 explicare: eigtl. auswickeln **211** – 56 ad deum confugere (seine Zuflucht zu einem Gott nehmen): in antiken Tragödien (besonders zweitrangigen) brachte oft in der Schlußszene ein Gott die Lösung. Er erschien auf einem drehbaren Podium über dem Szenengebäude *(deus ex machina)* – 58 opera, -ae f.: Mühe (aber *opera,* -um n. Werke!) – 61 desiderare: wünschen, auch vermissen – 63 in (= im) mensus: ungemessen (zu *metiri, mensus sum* messen) – 65 interminatus: unbegrenzt (zu *terminus* Grenze) – 78 intendere: sich richten auf **226** – 82 peregrinari: reisen (von *peregrinus* fremd, davon Pilgrim) – 92 insistere: sich hinstellen (vgl. *consistere* **179**) – 101 vis f.: Wucht a) Gewalt b) Menge) – 103 volitare: umherfliegen, *intens.* von *volare* **152** – 104 atomus, -i f.: Atom (griech., lat. Übersetzung: *individuum*) – 107 inanis, -e: leer, inane, -is n.: das Leere, der leere Raum – 108 cohaeresco: zusammenhängend werden (*inch.* zu *haerere* **153**) – 115 ad (= ap)prehendere: ergreifen, berühren – 116 continuari: treffen (zu *contus* Spitze) – 130 follis, -lis m.: Blasebalg (eigtl. Schlauch) – 132 incus, -dis f.: Amboß – 152 providere: vorsehen **83** – 156 animadvertere: bemerken (eigtl. Sinn lenken auf); *animadvertere in:* verfahren gegen – 161 pertinere ad: eigtl. sich erstrecken auf – 163 curiosus: eigtl. sorgsam, aber auch neugierig – 166 negotium, -ii n.: Arbeit, Geschäft (Gegensatz: *otium* Muße) – 170 ex(s)istere: aufstehen, bestehen, entstehen – 173 fatalis, -e: schicksalhaft (von *fatum* Schicksal, eigtl. Göttерspruch) – 175 heimarméne (gr.). = fatum 179 quicquid: was auch immer **42** – 180 accidere: geschehen (zu *cadere,* Merkwort engl. *accident* (Verkehrs)unfall) – 183 aeternus: ewig (zu *aevum* Zeitalter, Ewigkeit von ahd. *ewe*!) – 184 veritas, -atis f.: Wahrheit, auch Wirklichkeit – 186 continuatio, -ionis f.: Fortsetzung (zu *continuare* fortsetzen, aber s.o. 116!) – 187 fluo, fluxi, fluctum: fließen – 193 aestimandast = aestimanda est – 196 anicula, -ae f.: altes Weiblein (zu *anus* alte Frau, dt. Ahne) – 200 indoctus: ungelehrt, ungebildet – 206 mantiké (gr.) = 210 divinatio, -ionis f.: Sehergabe, Ahnungsvermögen (mitgedacht: Vorzeichenlehre) – 214 imbuere: durchtränken, benetzen – 215 superstitio, -ionis f.: Aberglaube (zu *superstes, -itis* überlebend; vielleicht: was aus alten Zeiten überlebt hat) – 221 haruspex, -spicis m.: Opferschauer (bes. Eingeweide) – 222 augur, -ris m.:

Vogelschauer – 223 hariolus, -i m.: Wahrsager (Deuter von Versen) – 224 vates, -is m., f.: Seher(in) (aus Begeisterung durch einen Gott) – 225 coniector, -ris m.: Deuter (Traum, Vorzeichen) – 228 colere: pflegen, verehren – 237 vindicare: eigtl. beanspruchen, z. B. als Sklaven, für die Freiheit, rächen (d. h. die Rache beanspruchen)

Grammatik

5–33: *indirekte Rede* **129** – 9 nihil: *adv. acc.* **62** – 26 ut: *cons.* (nach tam) **124** – 42 possit: *coni.* der *indirekten Frage* **115** – 48 cum: *iterativum* oder *temp.* **181** – 61 desideraretis – videretis: *coni, irr.* **108** – 83, 84 ut nullam: *consec.* (*ne ullam* wäre *final*) **124** – 104 atomorum: *gen. part.* zu *vis* **92** – 106, 107 interiecto inani: *abl. abs.* **75** – 125 quas ff.: *a.c.i.* im Relativsatz **138** – 137 in cervicibus: Fragevertauschung *wo? – wohin?* **65** – 142 quem ff.: *finaler* Relativsatz **137** – 150 timeat: *coni. pot.* **109** – 165 plenus: voll (mit *gen. obi.* **89**) – 169 vobis: *dat. fin.* **79** – 175, 176 quam heimarmenen: *doppelter acc.* **61** – 178 ut: *cons.* = ita ut **124** – 180 accidat: *coni. der indirekten* Rede (nach *dicatis*) **129** – 181 id ff.: *a.c.i.* **125** – 189 quanti: *gen. pretii* **96** – 194 cui: *cons.* Relativsatz (eine solche, daß ihr) **134, 124** – 203 videantur: *n.c.i.* **130** – 214 imbueremur – vellemus: *coni. irr.* **108** – 228 colendi: *gerundivum* **23**

Erstübersetzung

Epikur hat uns nämlich gelehrt, daß die Welt durch Natur bewirkt worden und in keiner Weise Kunstfertigkeit nötig gewesen sei, und die Sache, von der ihr leugnet, daß sie ohne göttliche Kunstfertigkeit bewirkt werden könne, sei so leicht, daß die Natur unzählige Welten (noch) bewirken wird, bewirkt und bewirkt hat. Weil ihr nicht seht, wie das die Natur ohne irgendeinen Verstand bewirken könne, flüchtet ihr euch wie die Tragödiendichter, wenn ihr den Ausgang der Darstellung nicht erklären könnt, zu einem Gott. Dessen Mühe würdet ihr wahrhaftig nicht vermissen, wenn ihr die unermeßliche und unbegrenzte Größe der Gegenden nach allen Richtungen sehen würdet, in die der Geist sich hineinwerfend und sich darauf richtend so breit und weit wandert, daß er trotzdem keine Küste eines Äußersten sieht, bei der er haltmachen könnte. In dieser Unermeßlichkeit der Breiten, Tiefen, Höhen also fliegt eine unbegrenzte Zahl von Atomen umher, die – bei dazwischenliegendem (-geworfenem) leerem Raum – doch beginnen, unter sich zusammen zu hängen, und einander ergreifend treffen. Daraus werden diejenigen Formen und Figuren bewirkt, die – nach eurer Meinung – ohne Blasebalg und Amboß nicht bewirkt werden können. Und so habt ihr uns den ewigen Gott auf den Nacken gesetzt, den wir Tag und Nacht fürchten sollen. Denn wer würde einen alles voraussehenden und bedenkenden und bemerkenden Gott, der glaubt, daß sich alles auf ihn beziehe, neugierig und voller

Geschäfte, nicht fürchten? Von da entsteht für euch zuerst jene schicksalhafte Notwendigkeit, die ihr Heimarmene nennt, so daß ihr sagt, was auch immer geschehe, sei aus der ewigen Wirksamkeit und der Fortsetzung der Ursachen geflossen. Wie hoch ist aber diese Philosophie einzuschätzen, der wie alten Weibern – und das freilich ganz ungebildeten – alles nach einem Schicksal zu geschehen scheint? Es folgt eure Mantik, die auf Latein „Vorahnung" genannt wird, durch die wir mit einem solchen Aberglauben durchtränkt würden, wenn wir auf euch hören wollten, daß wir Eingeweide-, Vogelschauer, Sterndeuter, Seher, Traum- und andre Deuter verehren müßten. Von diesen Schrecken sind wir von Epikur erlöst und in die Freiheit aufgerufen.

Endübersetzung

Epikur hat uns nämlich belehrt, daß die Welt natürlich entstanden ist, daß ein künstliches Eingreifen gar nicht nötig war und daß die Sache, welche nach eurer Aussage nicht ohne göttliche Könnerschaft zustande kommen kann, so leicht ist, daß die Natur (noch) unzählige Welten schaffen wird, schafft und geschaffen hat. Weil ihr nicht (ein)seht, wie die Natur das ohne eine Art von Verstand zuwege bringen kann, nehmt ihr eure Zuflucht zu einem Gott, wenn ihr die Beweisführung nicht zu Ende entwickeln könnt – wie Tragödiendichter. Einen Gott müßtet ihr gar nicht bemühen, wenn ihr die unermeßliche und nach allen Seiten grenzenlose Größe der Räume betrachten würdet; wenn der Geist sich darein versenkt und sie in Betracht zieht, schweift er weit und breit, ohne eine äußerste Grenze zu sehen, wo er haltmachen könnte. In dieser unendlichen Breite, Tiefe und Höhe wirbelt eine unendliche Menge von Atomen herum, die, obwohl im leeren Raum, sich immer wieder zusammenhängen, einander festhalten und zusammentreffen. Daraus entstehen die Formen und Gestalten der Dinge, welche nach eurer Meinung nicht ohne Blasebalg und Amboß zustande kommen können. Und so habt ihr uns einen Gott in den Nacken gesetzt, den wir Tag und Nacht fürchten sollen. Denn wen würde nicht ein Gott ängstigen, der alles vorhersieht, bedenkt, bemerkt, meint, daß alles sich um ihn drehe, stets auf alles bedacht und voller Umtriebe ist? Daraus entsteht zum ersten jene schicksalhafte Notwendigkeit, die ihr Heimarmene nennt, so daß ihr behauptet, alles Geschehen sei aus der ewigen und wirklichen Verknüpfung der Ursachen entstanden. Wie soll man aber diese Philosophie einschätzen, für die wie für alte Weiber – und das freilich nur für ganz ungebildete – alles nach einem Schicksal zu geschehen scheint? Dann folgt eure Mantik, die lateinisch Vorzeichenlehre heißt, die uns mit so großem Aberglauben durchdringen würde, wenn wir auf euch hören wollten, daß wir Eingeweide-, Vogelschauer, Seher, Stern-, Traum- und andre Deuter in Ehren halten müßten. Von diesen Schrecken hat uns Epikur erlöst und uns zur Freiheit aufgerufen.

Text 25
Ziel und Glück des Menschen ist die virtus (de fin. bon. et mal. V 20, 55ff.; 21, 58; 21, 59–60)

Wörter

2 plane: ganz (eigtl. eben) *adv.* – 3 perspicuus: durchsichtig, deutlich – 4 minime: keineswegs (am wenigsten) – 6 indicium, -ii n.: Anzeichen (von *dicere* ursprünglich zeigen) – 9 scilicet: freilich, natürlich (*scire* und *licet*) – 17 appeto, -ivi, -itum: anstreben (Merkwort: Appetit) – 24 condicio, -ionis f.: Bedingung – 25 quies, -etis f: Ruhe – 28 patior, passus sum, pati: ertragen (Merkwort: Passiv) – 32 cerno, crevi, cretum: erkennen (aber *cresco, crevi* wachsen **175**, Merkwort: *crescendo*) – 36 aetatula, -ae f.: Verkleinerung von *aetas* **160** Lebensalter – 39 vereor, veritus sum: scheuen – 41 nimius: zu groß (aber *minimus* sehr klein!); hier: weitschweifig – 51 incunabula, -orum n.: Wiege (eigtl. Windeln) – 52 accedere: herangehen **174** – 58 arbitror, -tratus sum: meinen – 66 conquiescere: ruhig werden (*inchoat.* **153**, zu *quies* s. o. 25) – 67 ne – quidem: nicht einmal – 68 infans: Kleinkind (das nicht sprechen *fari* kann) – 73 paulum: ein wenig – 74 procedere: vorschreiten (Merkwort: Prozeß) **174** – 75 lusio, -ionis f.: Spielen, *nom. act.* **155** zu ludere – 76 vel: sogar (oder) – 77 laboriosus: anstrengend – 78 delectare: erfreuen – 81 verbera, -um n.: Schläge (sg. selten) – 89 adolesco, -levi, adultum: heranwachsen (*inchoat.* **153** von *alēre* groß sein, zu *alere* großziehen) – 90, 91 una cum: zusammen mit – 93, 94 quin etiam: ja sogar **217** – 95 iners, -tis: träge (eigtl. kunstlos, zu *ars*) – 97, 98 nescio qui: irgendwelcher (adjektivisch zu *nescio quis* irgendwer) **205** – 100 segnitia, -ae f.: Saumseligkeit – 101 praeditus: begabt (zu *dare*) – 114 impedire: hindern (zu *pedica* Fußfessel) **210** – 117 alveolus, i m.: Spiel-, Würfelbrett (zu *alveus* Trog, Schiffsbach etc.) – 118 posco, poposci: fordern – 120 quaerere: suchen **213** – 121 quispiam: irgendeiner **40** – 122 ludus, -i m.: Spiel (s. o. 75) – 124 sermo, -onis m.: Gespräch – 126 requirere: aufsuchen, fordern (zu o. 120 *quaerere*) – 130 ingenuus: edel (eigtl. freibürtig, aber *ingeniosus* genial!) – 132 doctrina, -ae f.: Belehrung, auch Wissenschaft – 133 oblectatio, -ionis f.: Ergötzung (zu *ob-* und *delectare, nom. act.* **155**) – 134 circulus, -i m.: Kreis, auch Gesprächskreis (wie dt. Zirkel) – 137 sessiuncula, -ae f.: Kränzchen (wie heute Kaffeekränzchen, zu *sessio* Sitz und Sitzung) – 138 consectari: trachten nach (int. zu *consequi*) **152** – 141 quisque: jeder **40** – 144 instituere: aufstellen, einrichten, unterrichten – 147 omnino: überhaupt – 152 gero, gessi, gestum: führen **186** – 154 orbare: berauben (dazu griech. *órphanos* Waise, engl. *orphan*) – 157 vesci, -: weiden, sich nähren – 158 voluptas, -tis f.: Vergnügen, Wollust (von *velle*) – 161 privatim: privat (Bildung nach **36**) – 164 malo, malui, malle: lieber wollen – 167 altus: hoch (von *alere* großziehen) – 170 capesso, -ivi, -itum: mit Eifer ergreifen – 173 honores:

Ehrenämter – 175 adipiscor, adeptus sum: erlangen, durch Bemühen (Gegensatz: *nanciscor*) – 178, 182 se conferre: sich begeben – 190 consectari: s. o. 138 – 193 sollicitudo, -dinis f.: Erregung, Besorgnis (aus *sollus* = *totus* und *citare* erregen) – 194 vigilia, -ae f.: Nachtwache – 203 ducere: halten für (etwa führen als) – 205 ingenium, -ii n.: Naturanlage, Begabung (zu *gigno*) – 208 acies, -iei f.: Schärfe, militär.: Schlachtreihe – 209 frui: genießen, Nutzen ziehen – 212 requirere: s. o. 126 – 218 intermittere: unterbrechen **204** – 227 reperio, repperi, repertum: finden, ermitteln – 229 investigatio, -ionis f.: Aufspürung (zu *vestigium* Fußspur) – 234 apparere: erscheinen (engl. *appear*); apparet es ist klar – 243 plures: ziemlich viele, mehr (*complures* einige) – 245 obscurare: verdunkeln – 262 ratio, -ionis f.: hier Überlegung **158** – 263 versari: sich bewegen (*int.* und *refl.* zu *vertere* **152**) – 264 consideratio, -ionis f.: Betrachtung – 267 caelestis, -e: himmlisch – 273 occultare: verbergen (*int.* zu *occulo* **152**, dazu *clam* heimlich) – 275 latere: verborgen sein (Merkwort: latent) – 276 indagare: aufspüren (zu *in(d)* und *agere*) – 277 ratio: s. o. 262 – 282 administratio, -ionis f.: Verwaltung (*nom. act.* zu 284 *administrare,* von *minister* Diener) – 288 temperare: mäßigen, beherrschen, lenken – 289: fortis: tüchtig, tapfer – 290 iustus: gerecht, regelrichtig – 297 congruere: übereinstimmen (Kongruenz!) – 301 complector, -plexus sum: umfassen, zusammenfassen – 312 corroborare: stark machen, *pass.* stark werden (zu *robur* Hartholz, Stärke) – 315 praeire: vorangehen (vgl. *praetor* von *praeitor*) – 316 deducere: (systematisch) leiten – 325 ingigno, -genui, -genitum: einpflanzen – 328 notitia, -ae f.: Kenntnis, Vorstellung, Begriff – 334 instituere s. o. 144 – 342 tamquam: gleichsam (so wie; aber *quamquam* obgleich) – 343 elementum, -i n.: Grundstoff, Element – 348 inchoare: beginnen (Merkwort: *verba inchoativa* **153**) – 350 amplus: weit, geräumig (von Personen: bedeutend) – 358 ars, artis f.: hier Bildungsbemühen – 361 principium, -ii n.: Anfang – 364 consequi: erreichen, (in der Logik:) folgen – 365 exquirere: auf- und aussuchen – 366 quoad: bis (aus *ad* und *quo* wohin **45**) – 388 consentaneus: übereinstimmend (zu *sentire*) – 389 referre ad: sich beziehen auf (Merkwort: *pronomen relativum*)

Grammatik

5 dubitanda: *gerundivum* **23** – 16 ut: *cons.* (dafür, daß **124**) – 22 neque: hieße im Finalsatz *neve* – 23, 24 ulla condicione: *abl. mod.* **74** – 57 se – posse: *a. c. i.* **125** – 65 ut: wie, *indirekte Frage* **115** (Aussage-daß-Satz wäre im *a. c. i.*!) **129** – 71 cum: dann, wenn, *temp.* **181** – 79 ut: *cons.* **124** – 87 agendi: *gerundium* **25**, *gen. obi.* **89** – 95 inertissimos ff: *a. c. i.* **125** – 97 nescio qua etc.: *abl. instr.* **69** – 105 corpore et animo: *abl. instr.* **69** – 108 moveri: *pass.* als *reflex.* – 111 cum: *concess.* **181** – 112 re etc.: *abl. instr.* **69** – 127 cum: *caus.* **181** – 152 gerendis negotiis: *gerundivum* **23**, *abl. sep.* zu *orbare* **53** – 156 paratissimis – voluptatibus: *abl. instr.* **69** – 196 optima – acie: *abl. instr.* **69** zu *frui* – 203 ducenda: *gerundivum* **23** – 215 laborem: *acc.* trotz **88** *fugiens laborum* – 235 nos ff.: *a. c. i.* **125** – 236 ad agendum: *gerundium* **25** – 244 ut: *cons.*

124 – 248 maioribus: *abl. instr.* **69** – 284 administrandi: *gerundium* **25** – 296 virtutibus: *dat.* bei zusammengesetzten Verben **81** – 299 uno verbo: *abl. instr.* **69** – 301 complexi: *dep.* in *praes.* Bedeutung **22** – 324 posset: *coni. fin.* **133** (nicht *consec.* wegen *cons. temp.* **115**) – 357 artis: *gen.* bei *est*, es ist Sache **84**, beachte dagegen *nostrum* nach **97–99** – 367 sit: *coni.* abhängig vom *a. c. i.* **121** – 374 honos = honor

Erstübersetzung

Es gibt durchaus deutliche und keineswegs zu bezweifelnde Anzeichen der Natur, am meisten natürlich am Menschen, aber in jedem Tier, daß der Geist immer strebt, etwas zu tun, und unter keiner Bedingung ewige Ruhe ertragen kann. Leicht ist das zu erkennen in den ersten Lebensabschnitten der Kinder. Obwohl ich mich scheue, daß ich allzu breit in dieser Art scheine, so gehen doch alle alten Philosophen an die Wiegen heran, weil sie glauben, sie könnten an der Kindheit am leichtesten den Willen der Natur erkennen. Wir sehen also, daß nicht einmal Kleinkinder zur Ruhe kommen können. Wenn sie vollends ein wenig fortgeschritten sind, werden sie durch sogar anstrengende Spiele erfreut, so daß sie nicht einmal durch Schläge abgeschreckt werden können, und dieses Verlangen nach Handeln wächst etwa zusammen mit den Altersstufen ... Ja, wir sehen sogar, daß ganz faule Menschen, mit irgendwelcher einzigartigen Faulheit begabt, dennoch ständig sich mit Geist und Körper bewegen und, wenn sie durch keine notwendige Sache verhindert werden, entweder ein Spielbrett verlangen oder irgendein Spiel aufsuchen oder nach einem Gespräch trachten und, da sie ja keine edlen Ergötzungen aufgrund der Bildung haben, irgendwelche Zirkel und Kränzchen anstreben ... Und so will der, der bestens geboren und unterrichtet ist, überhaupt nicht im Leben sein, falls er etwa, auszuübender Tätigkeit beraubt, sich an ganz bereitgestellten Vergnügungen weiden könnte. Denn sie ziehen vor, entweder privat etwas umzutreiben, oder die, die etwas höherer Gesinnung sind, wenden sich eifrig der Politik zu durch das Anstreben von Ehrenstellen und militärischen Kommandos oder begeben sich ganz zu den Studien der Gelehrsamkeit. Es ist so fern, daß sie in diesem Leben (nur) Vergnügungen nachgehen: sie ertragen sogar Sorgen, Unruhe, Nachtwachen und genießen den besten Teil des Menschen, der in uns für göttlich gehalten werden muß, die Schärfe der Begabung und des Verstandes, weder das Vergnügen verlangend noch Mühen fliehend. Sie unterbrechen auch nicht die Bewunderung derjenigen Dinge, die von den Alten gefunden worden sind, oder die Aufspürung neuer ... Also ist freilich das klar, daß wir zum Handeln geboren sind. Von Handlungen aber gibt es ziemlich viele Arten, so daß auch die geringeren von den größeren verdunkelt werden; die größten aber sind erstens – wie wenigstens mir scheint und denen, in deren Überlegung wir uns jetzt bewegen – die Betrachtung und Erkenntnis der himmlischen Dinge und derer, die als von der Natur Verhülltes und Verborgenes die Vernunft aufspüren kann, dann die

Verwaltung von Staaten oder die Wissenschaft des Verwaltens, dann die kluge, gelenkte, kräftige, regelrechte Vernunft und die übrigen Tugenden und Handlungen, die mit den Tugenden übereinstimmen, die wir mit einem Wort alle zusammenfassend als die ehrenhaften bezeichnen; zu deren Erkenntnis und Gebrauch werden wir, schon erstarkt, unter Vorantritt der Natur selbst angeleitet ... Sie hat uns einen solchen Sinn gegeben, daß er jede Tugend aufnehmen kann, und hat – ohne gelehrte Bildung – kleine Vorstellungen der größten Dinge (uns) eingepflanzt und gleichsam begonnen zu lehren und uns hingeführt gleichsam zu den Grundlagen der Tugenden, die darin (in uns) waren. Aber die Tugend selbst hat sie begonnen, nichts mehr. Und so ist es unsere Aufgabe – was ich „unsere“ nenne, ist Sache der Kunst –, zu den Anfängen, die wir bekommen haben, das (daraus) Folgende zu suchen, bis das, was wir wollen, bewirkt worden ist ... Und so wird alle Ehre, alle Bewunderung, aller Eifer auf die Tugend und die Handlungen bezogen, welche zur Tugend passend sind, und all die Dinge, welche so im Geist sind oder getan werden, werden mit einem Wort ehrenhaft genannt.

Endübersetzung

Es gibt völlig klare und unbezweifelbare Anzeichen von seiten der Natur, am meisten natürlich beim Menschen, aber an jedem Tier dafür, daß der Geist immer strebt, etwas zu tun, und unter keinen Umständen dauernde Ruhe ertragen kann. Man sieht das leicht an den ersten Lebensabschnitten der Kinder. Obwohl ich den Anschein der Weitschweifigkeit scheue in diesem Punkt, so nehmen sich doch alle alten Philosophen die Wiegen vor, in der Überzeugung, man könne den Willen der Natur anhand der Kindheit am leichtesten erkennen. Wir sehen (dabei) also, daß nicht einmal die Kleinkinder ruhig bleiben können. Haben sie einmal ein wenig Fortschritte gemacht, finden sie Spaß sogar an (recht) anstrengenden Spielen, so daß sie nicht einmal durch Schläge abgehalten werden können, und dieser Tätigkeitsdrang wächst mit den Jahren ... Ja, wir sehen sogar, daß extrem faule Menschen von fast unbegreiflicher Trägheit immer körperlich und geistig in Bewegung sind und, wenn sie nicht von einer notwendigen Sache abgehalten werden, entweder nach einem Würfelbrett rufen, nach einem Spiel Ausschau halten oder irgendein Gespräch suchen und, da sie die edlen Freuden der Bildung nicht kennen, gesellige Kreise und Stammtische aufsuchen ... Deshalb will einer, wenn er gut begabt und gebildet ist, überhaupt nicht leben, und wenn er bei Genüssen nur zuzugreifen brauchte, aber keine Möglichkeit zu ernsthafter Tätigkeit hätte. Denn sie wollen lieber privat etwas tun oder, soweit sie höhere Interessen haben, sich der Politik widmen, indem sie Ämter und Kommandos bekleiden wollen oder sich ganz gebildeten Studien hingeben. Weit gefehlt, daß sie bei diesem Leben Genüssen nachjagen: Auch Sorgen, Unruhe und durchwachte Nächte nehmen sie auf sich und verwerten den besten Teil des Menschen, der als das Göttliche an uns zu gelten hat, (nämlich) die Schärfe der Vernunftbegabung, fragen nicht nach Genuß und scheuen die Anstrengung nicht. Noch lassen sie auch (nur) vorübergehend nach in der Bewunderung der von den Alten ermittelten Erkenntnisse und in der Suche nach neuen ... Also ist das einmal klar, daß wir zur Tätigkeit geboren sind. Tätigkeiten aber gibt es ziemlich vielerlei, so daß sogar die unbedeutenderen von den bedeutenderen in den Schatten gestellt werden; die bedeutendsten sind erstens – wie mir scheint und denen, in deren Gedankengängen wir uns jetzt bewegen – die Betrachtung und Erkenntnis der himmlischen (kosmischen?) Dinge und derer, die, obwohl sie von Natur aus verhüllt und verborgen sind, die Vernunft aufspüren kann, zweitens die Staatsführung oder die Wissenschaft von der Staatsführung, drittens der kluge, gezügelte, energische und regelrechte Vernunftgebrauch, die übrigen Tugenden und die Handlungsweisen, die mit der Tugend übereinstimmen, welche wir mit einem Wort zusammenfassend als „Werte" bezeichnen. Zu deren Erkenntnis und Anwendung werden wir, schon erstarkt, durch die Vorgabe der Natur selbst angeleitet ... Sie hat uns einen solchen Geist gegeben, der die ganze Tugend in sich aufnehmen kann, und hat (auch ohne Bildung) kleine Merkmale von den größten Dingen uns eingepflanzt, gleichsam begonnen uns zu lehren und uns eingeführt in die uns gewissermaßen innewohnenden Grundlagen der Tugend. Aber die Tugend selbst gab sie (uns) nur im Ansatz, nicht mehr. Deshalb ist es unsere Aufgabe – wenn ich sage „unsere Aufgabe", meine ich Aufgabe der Bildung –, das aufzusuchen, was auf den Grundlagen, die uns gegeben sind, aufbaut, bis das, was wir wollen, erreicht ist ... Deshalb bezieht sich alle Ehre, alle Bewunderung, alles echte Bemühen auf die Tugend und diejenigen Handlungen, die mit Tugend übereinstimmen; und alle Dinge, die so in Herz und Sinn lebendig sind und in die Tat umgesetzt werden, werden als Werte bezeichnet.

Text 26
Wer ist unglücklicher, der Mörder oder der Ermordete?
(Cic. Phil. XI, 4, 8–9)

Wörter

17 ex: aufgrund von – 20 maiores: ergänze *pertulerunt dolores* – 26 laboriosus: mühselig, von Schmerzen geplagt (zu *labor* Mühe **202**) – 42 carnifex, -ficis m.: Henker, Folterknecht – 43 cruciamentum, -i n.: Marter (zu *crux* Kreuz) – 45 interdum: bisweilen (Verwechslungsgefahr: *interim* inzwischen) – 46 tormentum, -i, n.: a) Geschütz b) Marter (zu *torquere* drehen, weil beide z. T. auf Seildrehung und -spannung beruhen) – 51 inquam: ich sage (unvollst. Verbum) – 53 perditus: verloren, verdorben, verworfen (zu *perdere* zugrunderichten) – 56 amens: unvernünftig, verrückt

(*negation* zu *mens*) – 60 quo, 67 hoc: je desto *abl. mens.* **70** – 71 concipere: aufnehmen **162** – 80 suscipere: heimlich aufnehmen, sonst: unternehmen – 88 facinus, -oris n.: verstärktes *factum* (Heldentat, Untat), manchmal auch bloß = factum – 89 subire: unter (eine Last) gehen, auf sich nehmen – 91 cruciare: martern (s. o. 43) – 108 in: in, an einem Feind (im Fall eines Feindes), ebenso 112 – 120 conferre: zusammentragen (auch zum Vergleich), also auch vergleichen (wie *comparare*); *se* conferre sich begeben – 123 dubitare: zweifeln **184** – 138 cuncti: = omnes – 140 sententia, -ae f.: Stimme (Einl. S. 13) – 141 hostis: (Staats-)feind **196** – 156 contumelia, -ae f.: Schande, Schmach, Beleidigung (zu *contemnere*) – 163 consilium: Rat, Plan (zu *consulere*); Eigenschaft dessen, der immer einen Plan findet, Einfallsreichtum – 166 innocentia, -ae f.: Unschuld (von *nocere* schaden); häufig: Unbestechlichkeit, Unbescholtenheit – 177 pro: anstelle **58** – 182 is (auch im Folgenden mehrfach): solch, derartig **124**, **200** – 183 libido, -dinis f.: Laune, Willkür (zu *libet* es beliebt) – 184 turpitudo, -dinis f.: Schimpflichkeit (zu *turpis*) – 200 inimicus, -i m.: persönl. Feind **196** – 203 verecundus: scheu (der solche Dinge nicht in den Mund nimmt), schamvoll

Grammatik

2 multo: *abl. mens.* **70** – 7 quem: Relativsatz im *a. c. i.* **138** – 32 bidui, 35 annorum – multorum: *gen. qual.* **85** – 34 compluribus: *dat.* (in) *comm.* **78** – 57 multo: s. o. 2 – 73 animo, 76 corpore: *abl. instr.* **69** – 87 alterius: zu *alius* (und *alterius*) **35** – 115 iudicandum: *gerundivum* **23** – 126 sit: *coni.* der *indirekten Frage* **115** – 145 ceteris partibus: *abl. instr.* **69** oder *lim.* **73** – 152 possit: *coni. consec.* (vgl. *sunt, qui* **134**) – 154 Treboni = Trebonii **30** – 171 liberanda: *gerundivum* (pass, nicht *fut.*!) **23** – 188 sit: *coni. consec.* nach *ea – ut* **124**, **200** – 194 faceret: *coni.* weil von *coni.* Satz abhängig **121** – 202 possent: *coni. cons.* **124** nach *ea, quae* und/oder weil von *coni. Satz* abhängig **121**

Erstübersetzung

O viel unglücklicherer Dolabella als jener, den du ganz unglücklich sein (lassen) wolltest! ‚Große Schmerzen hat Trebonius ertragen.‘ Viele noch größere aufgrund der Schwere einer Krankheit, die wir doch nicht unglücklich, sondern mühselig zu nennen pflegen. ‚Lang war der Schmerz.‘ Einer von zwei Tagen, aber für andere oft von vielen Jahren. Nicht schwerer wahrhaftig sind die Qualen der Folterknechte als bisweilen die Qualen von Krankheiten. Andere Dinge sind viel schlimmer, andere, sag' ich, o ihr verderbten und wahnsinnigen Menschen. Denn um wieviel größer die Kraft des Geistes ist als die des Körpers, um so schwerwiegender ist das, was mit der Seele, als das, was mit dem Körper aufgenommen wird. Unglücklicher also ist der,

der in sich Frevel aufnimmt, als der, welcher eines andern Übeltat auf sich zu nehmen gezwungen wird. Gemartert wurde von Dolabella Trebonius; freilich auch von den Karthagern Regulus. Wenn deshalb die Punier als besonders grausam beurteilt worden sind an einem Feind, was ist über Dolabella an einem Mitbürger zu urteilen? Oder ist etwa das zu vergleichen oder zu bezweifeln, welcher der Unglücklichere ist, etwa der, dessen Tod Senat und Volk von Rom zu rächen wünscht, oder der, welcher mit allen Stimmen des Senats als Staatsfeind verurteilt worden ist? Denn in den übrigen Teilen des Lebens – wer ist, der ohne größte Beleidigung für Trebonius das Leben des Trebonius mit dem des Dolabella vergleichen könnte? Wer kennt nicht des einen Rat, Geist, Menschlichkeit, Unbescholtenheit, Geistesgröße bei der Befreiung des Vaterlands? Dem andern stand von Jugend an Grausamkeit für Vergnügen; dann eine solche Schändlichkeit seiner Launen, daß er in dem selber Freude empfand, daß er solches tat, was ihm nicht einmal von einem schamvollen Feinde vorgeworfen werden konnte.

Endübersetzung

O Dolabella, du bist viel unglücklicher als der, den du ganz unglücklich machen wolltest! ‚Große Schmerzen hat Trebonius ertragen.‘ Viele in schwerer Krankheit noch größere, und wir nennen sie doch nicht unglücklich, sondern geplagt. ‚Lang war sein Schmerz.‘ Zwei Tage, aber für viele dauerte er oft viele Jahre. Die Martern der Folterknechte sind wahrhaftig nicht größer als bisweilen die der Krankheiten. Es gibt andere, andere, sag' ich, viel schlimmere Dinge, ihr verruchten und wahnsinnigen Menschen! Denn je höher die Kraft der Seele und des Geistes ist als die des Körpers, um so schwerwiegender ist das, was in der Seele aufgenommen wird, als das, was im Körper empfangen wird. Elender ist also der, der Verbrechen in seine Seele einläßt, als der gezwungen unter der Schandtat eines anderen leidet. Gemartert wurde Trebonius von Dolabella; freilich auch Regulus von den Karthagern. Wenn also die Punier als besonders grausam einem Feind gegenüber gegolten haben – was soll man von Dolabella halten, der sich an einem Mitbürger vergangen hat? Oder ist etwa vergleichbar oder zweifelhaft, wer der Elendere ist, der, dessen Tod Senat und Volk von Rom rächen wollen, oder der, der mit allen Stimmen des Senats zum Staatsfeind erklärt worden ist? Denn was die übrige Lebensführung des Trebonius angeht – wer könnte, ohne Trebonius gröblich zu beleidigen, sein Leben mit dem des Dolabella vergleichen? Wer kennt nicht des einen besonnene Überlegenheit, Begabung, Bildung, Unbescholtenheit und Geistesgröße, wo es um die Freiheit des Vaterlandes ging? Dem andern galt von klein auf Grausamkeit als Vergnügen; dann eine derartige Schändlichkeit der Launen, daß er solche Laster genoß, die ihm nicht einmal ein schamhafter Feind vorwerfen konnte (weil er sich scheute, sie auszusprechen).

Abkürzungsverzeichnis

abl.	ablativus
abl. abs.	ablativus absolutus
abl. caus.	ablativus causae
abl. comp.	ablativus comparativus
abl. instr.	ablativus instrumentalis
abl. loc.	ablativus locativus
abl. lim.	ablativus limitationis
abl. mens.	ablativus mensurae
abl. mod.	ablativus modi
abl. qual.	ablativus qualitatis
abl. sep.	ablativus separativus
abl. soc.	ablativus sociativus
abl. temp.	ablativus temporis
acc.	accusativus
a.c.i.	accusativus cum infinitivo
acc. obi.	accusativus obiectivus
adi.	adiectivum
adv.	adverbium
act.	activum
coni.	coniunctivus
con. adv.	coniunctivus adversativus
coni. caus.	coniunctivus causalis
coni. concess.	coniunctivus concessivus
coni. consec.	coniunctivus consecutivus
coni. del.	coniunctivus deliberativus
coni. fin.	coniunctivus finalis
coni. irr.	coniunctivus irrealis
coni. iuss.	coniunctivus iussivus
coni. pot.	coniunctivus potentialis
coni. proh.	coniunctivus prohibitivus
cons. temp.	consecutio temporum
consec.	consecutivus
dat.	dativus
dat. comm.	dativus commodi
dat. fin.	dativus finalis
dat. obi.	dativus obiectivus
fem.	femininum
fut.	futurum
gen.	genitivus
gen. expl.	genitivus explicativus
gen. obi.	genitivus obiectivus
gen. part.	genitivus partitivus
gen. poss.	genitivus possessoris
gen. pretii	genitivus pretii
gen. qual.	genitivus qualitatis
gen. subi.	genitivus subiectivus
gerund.	gerundium
gerundiv.	gerundivum
imper.	imperativus
impf.	imperfectum
impf. de con.	imperfectum de conatu
impf. dur.	imperfectum durativum
impf. iter.	imperfectum iterativum
inch.	inchoativum
ind.	indicativus
inf.	infinitivus
inf. hist.	infinitivus historicum
int.	intensivum
loc.	locativus
masc.	masculinum
n.	neutrum
nom. act.	nomen actionis
nom. actoris	nomen actoris
nom. r. act.	nomen rei actae
nom	nominativus
n.c.i.	nominativus cum infinitivo
partic.	participium
pass.	passivum
perf.	perfectum
perf. hist.	perfectum historicum
perf. praes.	perfectum praesenticum
pl.	pluralis
plqupf.	plusquamperfectum
praes.	praesens
praes. hist.	praesens historicum
pron.	pronomen
pron. inf.	pronomen infinitum
pron. pers.	pronomen personale
pron. poss.	pronomen possessivum
pron. rel.	pronomen relativum
sg.	singularis
subst.	substantivum
verb.	verbum
verb. inch.	verbum inchoativum
verb. intens.	verbum intensivum

Zeichenerklärung

Kongruenzzeichen

⧻	Kasus, Genus, Numerus sind gleich
⧺	Kasus, Genus sind gleich
+	Numerus ist gleich

Periodenzeichen

O	Wörter, die aufeinander weisen oder sich aufeinander beziehen
X	Kreuze kennzeichnen ebenfalls Wörter, die sich aufeinander beziehen. Sie werden verwendet, damit diese Wörter nicht mit den mit Kreisen gekennzeichneten Wörtern verwechselt werden können.
∽	Subjekt und Prädikat im Haupt- oder Nebensatz
∿∿	Subjekt und Prädikat (ohne Prädikatsnomen) im a. c. i.
(...)	Zusammengehörige Wortgruppen werden in Klammern eingeschlossen.
⟨ ⟩	Dieses Zeichen kennzeichnet ein Wort oder eine Wortgruppe, die in der Klammer steht und vom Hauptausdruck oder der Hauptgruppe der Klammer abhängig ist
[ ]	Eckige Klammern fassen mehrere andere Klammern zu einer größeren Einheit zusammen
←	Relativische Anknüpfung
→	Relativpronomen, das auf das Folgende weist
□	In einen Kasten kommt: a) ein Einschub, der in die eingeklammerte Wortgruppe gar nicht gehört, sondern sie durch seine Stellung (für deutsches Sprachgefühl) sprengt (sog. „gesperrte Stellung“ oder „traiectio“). b) eine Konjunktion oder ein Relativpronomen, das nach deutschem Sprachgefühl nach vorn gezogen werden müßte.
L	Hier muß eine Form von esse, fieri o. ä. ergänzt werden
|	Hier muß der Hauptsatz (oder übergeordnete Satz) vorgezogen werden.

Mit Klett Training zum Schulerfolg

Wilhelm Lang

Training Latein II

Grammatiktips und Übersetzungshilfen ab dem 3. Lateinjahr
Beilage: Übersetzungstexte und Folien
100 Seiten, kart. Klett-Nr. 92893

Schüler, die dieses Training Latein durchgearbeitet haben, sind allen Anforderungen im Lateinunterricht gewachsen. Ein Kurzlehrgang Grammatik erläutert vor allem die „Stolpersteine", die wichtigen grammatikalischen Besonderheiten, die immer wieder Kopfzerbrechen machen. Die Vokabeln, die am häufigsten verwechselt werden, sind in einem Vokabular nach Wortfamilien zusammengestellt (zum Nachschlagen). An 12 lateinischen Texten verschiedener Schwierigkeitsgrade werden Übersetzungstechniken geübt. Bei der Analyse des Satzes helfen die neuartigen Übersetzungsfolien. Auf ihnen sind mit Hilfszeichen die Beziehungen der Satzteile deutlich gemacht. Zur Kontrolle der Ergebnisse gibt es zu jedem Text Hinweise zu Wörtern und Grammatik sowie eine Erst- und eine Endübersetzung.

Günther Busse

Training Gedichtinterpretation

115 Seiten, kart. Klett-Nr. 92892

Dieses Trainingsbuch führt schrittweise in das Verständnis poetischer Texte ein. Es leitet den Schüler zu selbständiger Arbeit an und vermittelt ihm Grundkenntnisse der Interpretation, die er auch bei der Behandlung epischer und dramatischer Werke anwenden kann. Er wird methodisch geschult und lernt, Texte verschiedener Schwierigkeitsgrade – von der Wiedergabe mit eigenen Worten bis zur detaillierten Interpretation – selbständig zu verfassen.
Die Kapitel des Buches behandeln folgende Aspekte: die Funktion der Form eines Gedichts; wie die Bedeutung der Wörter erschlossen werden kann; die Rolle der Motive für die Zuordnung eines Gedichts zu den Hauptepochen der Literatur und die inneren Beweggründe, die dem Schreiben von Gedichten zugrundeliegen; schließlich ein Überblick über die Hauptthemen, die die Lyriker seit je beschäftigen.
Diese Hauptaspekte – Form, Bedeutung, Motiv und Motivation, Thematik – werden an zahlreichen Gedichtbeispielen gründlich erläutert. Zum Nachschlagen werden Übersichten angeboten, z. B. über die Bauformen von Gedichten. Zusammenstellungen von Arbeitsfragen leiten den Schüler zu zielgerichteter selbständiger Arbeit am Text an.

Friedhelm Hülshoff/Rüdiger Kaldewey

Training Rationeller lernen und arbeiten

142 Seiten, kart. Klett-Nr. 92407

Schüler der Sekundarstufe II erfahren hier, wie sie ihre Arbeitsleistung verbessern, wie sie durch Training und geeignete Techniken Lern- und Konzentrationsstörungen mildern und beheben können.
Aus dem Inhalt: Zeitplanung und Zeiteinteilung · Organisation des Arbeitsplatzes · Aktive Mitarbeit im Unterricht · Hausaufgaben sinnvoll erledigen · Fachliteratur rationell erarbeiten · Fach- und Seminararbeit · Mündliches Referat · Einzelarbeit und Teamarbeit · Prüfungen ohne Streß